DE HOMBRE SALVAJE A HOMBRE SABIO

P. RICHARD ROHR

Con aportes de Joseph Martos

De Hombre Salvaje *a* Hombre Sabio

Reflexiones sobre la ESPIRITUALIDAD MASCULINA

Traducido por Dra. Marina A. Herrera

ST. ANTHONY MESSENGER PRESS
Cincinnati, Ohio

Los pasajes de la Sagrada Escritura han sido parafraseados
siguiendo el inglés del autor.

Diseñor de la tapa por Candle Light Studios
Diseñor del libro por Mark Sullivan
Ilustración en la página 149, de la pintura por Sebastian Dayg, 1511, es de un reta-
blo en el antiguo monasterio cisterciense de Heilsbronner Müenster en Alemania.

Datosde publicación en la tarjeta de Library of Congress
para edición en Inglés
Rohr, Richard.
De hombre salvaje a hombre sabio. Reflexiones sobre la espiritualidad masculina /
Richard Rohr; con aportes de Joseph Martos tomados de *The wild man's journey*.
p. cm.
Ed. revisada de: *The wild man's journey* [El camino del hombre salvaje].
ISBN 1-61636-008-5 (phk.: alk. paper) 1. hombres—espiritualidad. 2. Hombres
(teología cristiana) 3. Vida espiritual—Iglesia Católica. 4. Hombres—Psicología.
5. Masculinidad—aspectos religiosos. I. Martos, Joseph, 1943- II. Rohr, Richard.
Wild man's journey. III. Título.
BX2352.5.R64 2005 248.8142—dc22
2005017075

Edición en Español ISBN: 978-1-61636-008-5

Publicado por St. Anthony Messenger Press
28 W. Liberty St.
Cincinnati, OH 45202
www.AmericanCatholic.org
www.SAMPBooks.org

Impreso en Estados Unidos de América en papel reciclado
11 12 13 14 15 5 4 2 3 1

ÍNDICE

Creo que les resultará valioso conocer la evolución de este libro. A finales de 1980 St. Anthony Messenger Press pidió a Richard Rohr y a Joseph Martos colaborar en un libro sobre la espiritualidad masculina como seguimiento a sus otros libros publicados por St. Anthony Messenger Press: *Los Grandes Temas de la Escritura: Antiguo Testamento* (1987), *Los Grandes Temas de la Escritura: Nuevo Testamento* (1988) y *Why Be Catholic?: Understanding Our Experience and Tradition* [¿Por qué ser católico? La comprensión de nuestra experiencia y tradición] (1989). En ese momento, no había mucho que leer sobre espiritualidad masculina.

The Wild Man's Journey: Reflections on Male Spirituality [El camino del hombre salvaje: Reflexiones sobre la espiritualidad masculina], (St. Anthony Messenger Press, 1990) fue el trabajo del teólogo Joseph Martos y se basó inicialmente en cuatro charlas que Richard dio como un retiro de fin de semana sólo para hombres. Las mujeres no fueron invitadas debido a que la intención del retiro era plantear cuestiones de interés principalmente para los hombres, y porque se reservaron sesiones en grupos pequeños para que los hombres pudieran expresar preocupaciones que tal vez no podrían plantear cómodamente en presencia de mujeres. La intención era crear una atmósfera en la que dudas y temores, esperanzas y sueños reprimidos pudieran salir a la superficie, ser escuchados y examinados en diálogo franco, de hombre a hombre.

A petición de Richard, Joseph Martos incorporó al libro material de dos programas de casetes de audio de Richard: *A Man's Approach to God* [Cómo un hombre ve a Dios] (St. Anthony Messenger, 1984) y *The Spirit in a Man* [El Espíritu de un hombre] (Credence Cassettes, 1988). El libro resultante, *The Wild Man's Journey*, se vendió muy bien y fue traducido a varios idiomas. Richard comenzó a hablar acerca de la espiritualidad masculina en los Estados Unidos, así como en Europa, sobre todo en Alemania.

Al igual que su autor, *The Wild Man's Journey* evolucionó para reflejar los cambios y el crecimiento en la espiritualidad masculina, y Richard revisó el libro en 1996. El tema de la espiritualidad masculina continuó atrayendo y desafiando a los hombres durante más de veinte años, y de nuevo Richard reconoció la necesidad de actualizar y revisar su trabajo original.

El libro que tienes en la mano, *De hombre salvaje a hombre sabio: reflexiones sobre la espiritualidad masculina*, se revisó en 2005. Para este nuevo trabajo, Richard redujo casi todos los capítulos, cambió algunos de manera significativa y omitió siete de la edición anterior. Añadió tres capítulos que tratan acerca de San Juan Bautista, San Pablo y el sufrimiento (dolor). El epílogo original se ha convertido en un capítulo dos muy diferente: "¿Existe la espiritualidad masculina?".

El apéndice presenta una estructura para grupos de hombres, basada en el trabajo de Richard con M.A.L.Es, *Males As Learners and Elders* (Hombres Aprendices y Sabios), un programa del Centro para la Acción y la Contemplación que Richard fundó y actualmente dirige en Albuquerque, Nuevo México.

Richard, en sus notas acerca de esta última revisión, escribió: "Creo que *De hombre salvaje a hombre sabio* es un libro mucho mejor que el anterior, *The Wild Man's Journey*. Capítulos más cortos hacen que el libro se preste mejor a su uso en grupos pequeños de hombres. Un equipo de hombres estudió el libro anterior y me dio muchos consejos sobre cómo hacer que el material fuera más fácil".

St. Anthony Messenger Press y Richard Rohr lo invitan a recibir a este nuevo hombre salvaje.

Lisa Biedenbach, Directora de la editorial, Libros
St. Anthony Messenger Press
Mayo de 2005

Soy ya hombre, pero estas lágrimas me hacen niño nuevamente,

arrojándome en la arena, enfrentándome a las olas,

yo, cantor de dolores y alegrías, enlace del presente y porvenir,

acepto todas las alusiones para poder usarlas, mas salto velozmente y
las dejo atrás,

un canto de reminiscencia.

—Walt Whitman, "Out of the Cradle Endlessly Rocking" [De la
cuna que me mece eternamente]

El hombre salvaje

¡Él es salvaje; te lo aseguro!

—C.S. Lewis refiriéndose a Dios

Tal vez mi decepción más grande con la mayoría de las religiones del mundo es que han logrado, aunque parezca increíble, hacer que la mayoría de la gente le ¡tenga *miedo* a Dios! ¿Te das cuenta de lo absurdo y horrible que es eso? Casi convierte el universo en un lugar inseguro y aterrador, donde no hay nadie en casa y todo el mundo está paranoico. Esto hace que la aventura mística sea imposible. La religión se convierte en un negocio egoísta de corredores de valores, siempre recogiendo los pedazos después de una especie de 'impotencia enseñada y aprendida'. El resultado ha sido una neurosis masiva, agresión continua y sin tregua, y un fenómeno único en Occidente: el ateísmo. La pobre India 'pagana', donde me dijeron la primera semana durante una visita: "No encontrará ningún ateo en la India —excepto tal vez entre aquellos que fueron alumnos en escuelas religiosas".

Cualquiera que tenga experiencia interior auténtica sabe que Dios es sólo belleza, misericordia y aceptación total, y únicamente belleza, misericordia y aceptación total. La naturaleza trinitaria de Dios hace que eso sea cierto teológicamente.[1] Las únicas personas que no lo saben son los que nunca han buscado el rostro de Dios. En mi experiencia hay una correlación casi completa entre el grado de énfasis que uno da a las obligaciones, la moralidad, la práctica de ritos y la falta de una experiencia real interior. Una vez que sepas por ti mismo, serás lo suficientemente 'moral', de hecho, hasta más, pero todo procede de una respuesta libre a la corriente trinitaria que fluye a través de ti. Es una respuesta, no un requisito, un efecto de haber conocido el amor, no una condición previa para recibir amor. *Dios es siempre el iniciador, siempre es bueno, siempre disponible, y el flujo es siempre libre.* Sí; el pecado es real y común, pero solo significa detener, resistir o negar este flujo omnipresente del amor de Dios.

Ahora bien, lo creas o no, estamos amenazados por un Dios tan libre *porque nos priva de nuestra capacidad para controlar o ingeniar el proceso.* Nos deja impotentes y cambia los términos del intercambio: de los de eficiencia y logros a los de entrega, confianza y vulnerabilidad. ¡Estos no son los términos preferidos por los hombres! Hace a Dios libre y a nosotros no. Ese es el llamado "salvajismo" de Dios. No podemos controlar a Dios por ningún medio, *ni siquiera por nuestro buen comportamiento*, que tiende a ser nuestro instinto primero y natural. Como Dios dijo a Moisés: "Tendré compasión de quien quiera, y daré preferencia a quien la quiero dar" (*Éxodo* 33,19). Esa libertad total y absoluta de Dios se usa, felizmente, toda a nuestro favor, a pesar de que aún le tengamos miedo. La tradición la llama providencia, perdón, misericordia o libre elección. Pero para nosotros, se siente como salvajismo *–precisamente porque no podemos controlarla, manipularla, dirigirla, ganarla o perderla.* Cualquiera que busque controlar a Dios por sus acciones se sentirá muy inútil, impotente e ineficaz.

Dios en las Escrituras Hebreas aparece mucho más salvaje que en el Nuevo Testamento (en gran parte porque ¡hemos civilizado y domesticado a Jesús sacándolo de sus raíces judías!). Yahvé, el Dios de Israel, escoge a un tipo llamado Abraham y le dice que empaque sus cosas y parta hacia un lugar a través del desierto que él nunca ha visto. Dios le dice a Abraham y a su esposa, que tienen ambos casi cien años de edad, que van a tener un bebé, ¡y así sucede! Pero luego Dios le asesta tremendo golpe a Abraham ordenándole sacrificar a ese hijo único, y esto después de decirle que será ¡el padre de una gran nación! ¡Esto no tiene nada que ver con el orden, la certeza, la claridad, la razón, la lógica, la autoridad de la Iglesia ni el mérito! Esto es un Dios completamente libre tratando de crear un pueblo espiritualmente libre. Estoy filosófica y teológicamente comprometido a mantener a Dios absolutamente libre.[2] En general, los judíos, cristianos y musulmanes, no han dejado a Dios ser muy libre y todos ellos se llaman a sí mismos "hijos de Abraham".

Los israelitas, más tarde, piensan que han triunfado, porque son el pueblo escogido de Dios, pero Dios los avasalla continuamente por no ser tan compasivos como el Dios que dicen amar. Dios no es un 'hombre de la empresa' y no parece estar defendiendo los valores de la empresa o de la tribu. Yahvé es el Dios de "todos los pueblos" y forma su propia "coalición arco iris". [Nota de trad.: grupo político en EE. UU. formado por personas de diferentes razas). Yahvé elige libremente sus instrumentos, sin tener en cuenta condiciones previas de mérito, virtud, pureza racial, ortodoxia, pertenencia a un grupo o linaje. Es casi el tema constante de toda la Biblia. ¿Por qué?

Probablemente porque la libertad perfecta es la naturaleza misma del amor verdadero. Sin libertad no hay amor –solo deber, miedo y obligación. Dios no nos ama porque tiene que hacerlo. Dios nos ama porque quiere hacerlo. Dios no nos ama porque somos buenos. Dios nos ama porque Dios es bueno. ¿Por qué no podemos aceptar eso? Debido a que de primera impresión se siente como ¡una pérdida de poder e importancia!

Los profetas también eran hombres salvajes. Tenían que serlo porque eran los portavoces de un Dios salvaje, un Dios a quien no le importaban mucho los templos ni las ofrendas, sino que se preocupaba más por la forma en que la gente era tratada, y por la apertura del corazón humano. Lee *Oseas* 6,6, *Isaías* 1,11 o el *Salmo* 51,16 si lo dudas. Tendemos a pensar que los profetas eran adivinos que predecían el futuro cristiano, pero eran mucho más, nombrando las ilusiones siempre presentes y los auto-engaños. Eran laicos con un mensaje radical de un Dios en búsqueda de intimidad, y mayormente, lo único que consiguieron con todos sus esfuerzos fue persecución y muerte (ver *Mateo* 23,29-36), hasta el último de los profetas, Juan Bautista. La religión 'domesticada' siempre se verá amenazada por "la gloriosa libertad de los hijos de Dios" (*Romanos* 8,21). De repente, Dios es el encargado y no mis explicaciones de las cosas. Me gusta recordarle a la gente que la palabra "domesticado" no se encuentra en toda la Biblia. Tal parece que Dios no es domesticado; Dios es salvaje.

Si el pueblo de Dios, de hecho, ha sido "domesticado", es porque, ante todo, es salvajemente libre de romper las reglas de ojo por ojo y el *quid pro quo*, y sabe amar como Dios ama: "Si amas a los que te aman, ¿qué mérito hay en eso? ¡Incluso los paganos hacen eso!", dice Jesús (*Mateo* 5,46-48). Eso es solo la moral de primer grado, lo que Jesús llama "la virtud de los escribas y fariseos" ¡que es, en fin un grado de virtud! Pero Juan Bautista, el hijo de un sacerdote y, sin embargo, arquetipo del hombre salvaje, es el patrón perfecto para muchos hombres de hoy, debido a la forma en que se salió de la religión simplemente domesticada y creó su propio rito de iniciación. Sin embargo, Jesús se sometió a todo su singular espectáculo, poco ortodoxo, algo realmente sorprendente.[3] El camino del hombre, cuando se recorre hasta el final, es un camino arriesgado en el que solamente puedes confiar en Dios y no en el valor de tu propia rectitud o mérito. Es un camino hacia el mundo exterior, el mundo de riesgo, incertidumbre y casi el fracaso seguro. Encuéntrame un mito masculino, cuento de hadas o una leyenda que no siga ese ciclo. Estos siempre son acerca de aventuras, nuevas tierras y lugares, siempre ocurren en contacto con la naturaleza (donde no estamos en control), y siempre te llevan de vuelta a casa y es cuando "la conocerás por primera vez". [Nota de trad.: referencia a una línea de un poema de T.S. Eliot.] Sin embargo, muchos hombres prefieren permanecer seguros en el mundo de las ideas y las opiniones, y en las funciones que le dan estima y estatus. Jeremías las describió como "¡el templo del Señor, el templo del Señor, el templo del Señor! No confíen en palabras engañosas como estas" (7,4). Casi no hay energía almacenada allí, hasta que sales del templo del Señor, y finalmente, sabes lo que realmente significa.

Parte de la dificultad, por supuesto, es que en nuestra cultura occidental, e incluso en nuestra tradición religiosa, tenemos pocos guías que nos puedan conducir al centro del camino para hombres y casi no hay mentores que hayan estado allí y hayan vuelto para guiarnos. Añoramos mentores creíbles para todas las etapas del camino masculino. (Perdónenme por decir esto, pero la mayoría de nosotros los que nos sentimos atraídos por el papel del clero, en gran parte somos gente "interior y de ideas", y por lo general, no amantes del riesgo ni de muy amplia experiencia.) Gran parte de la esperanza que he puesto en *De hombre salvaje a hombre sabio* es que podamos guiar a los hombres a través de algunas nuevas etapas de su camino, tal vez incluso para entender su salvajismo de una manera que pudiera llamarse sabiduría.

Curiosamente, la palabra 'mentor' proviene de la mitología griega. Mentor fue a consejero sabio y de confianza de Odiseo. Cuando Odiseo fue en su largo viaje, puso a Mentor a cargo de su hijo, Telémaco, como su maestro y guardián de su alma. Esto muestra que el padre biológico es rara vez el iniciador del hijo. Siempre es otro hombre especial quien debe guiar al niño hacia la madurez, del salvajismo a la sabiduría. (Tal vez gran parte de nuestro problema hoy es que tenemos tan pocos "padrinos" y que ¡esperamos demasiado de nuestros padres biológicos!).

En el trabajo con los hombres se habla del hombre no iniciado como el *puer* (muchacho o niño en latín). Si hoy en día tenemos muchos *puers*, no es solo porque tenemos poco conocimiento de los ritos universales de iniciación para los hombres jóvenes[4] sino también porque tenemos tan pocos mentores y guías para esos caminos. Gran parte de nuestro trabajo hoy en día en M.A.L.Es, es tratar de cultivar una nueva primera generación de hombres que pueda transmitir la sabiduría y crear una nueva tradición de iniciación. Parte de nuestro problema es que muchos hombres confunden la iniciación primaria (léase "conversión" si se quiere) con santurrones, respetuosos de la ley y simpáticos. Esto es no captar lo esencial.

Muchos jefes, ministros eclesiales, entrenadores y maestros le dicen a un joven cómo salir de sus problemas y ser 'normal' otra vez. Un verdadero mentor o iniciador guía al joven *hacia* sus problemas y *a través de* ellos, y eso siempre parecerá un poco turbio y fangoso, y también arriesgado, salvaje y sabio. El mentor guiará a un hombre hacia El Centro, y hacia su propio centro, pero por caminos tortuosos, utilizando incluso dos pasos hacia atrás para llevarle tres pasos hacia adelante. Parece salvaje, pero es realmente la senda de la sabiduría de Dios.

Notas

1. Richard Rohr, *"The Divine Dance"* (Center for Action and Contemplation, Box 12464, Albuquerque, NM 87195, 2004), cuatro CD sobre las revolucionarias, y en gran parte ignoradas, implicaciones de la doctrina cristiana del Dios Trinitario.

2. Mary Beth Ingham, *Scotus for Dunces* (St. Bonaventure, N.Y.: Franciscan Institute, 2003), p. 49ff. Beato Juan Duns Escoto (1266-1308), que ha influenciado profundamente mi forma de pensar, fue un filósofo y teólogo franciscano. Insistía en la libertad absoluta y total de Dios para actuar de acuerdo a su propia naturaleza y enseñaba este concepto. El amor de Dios no lo determina el objeto del amor, sino el sujeto, el que ama. Esa libertad Dios la extendió a todas las criaturas, y cada una debe actuar y vivir de acuerdo a su "especificidad" como la llamó Escoto.

3. Richard Rohr, *Soul Brothers: Men in the Bible Speak to Men Today* (Maryknoll, N.Y.: Orbis, 2004). Nota especialmente el capítulo dedicado a Juan Bautista, *"The First Necessary Freedom"* [La primera necesaria libertad], págs. 43ss.

4. Richard Rohr, *Adam's Return: The Five Promises of Male Initiation* [Las cinco promesas de la iniciación masculina] (New York: Crossroad, 2004). Este libro es mi intento de comunicar los mensajes centrales de la iniciación masculina y algo de su historia.

DOS

¿Existe la espiritualidad masculina?

La quietud es lo que crea el amor,
el movimiento es lo que crea la vida,
estar quieto,
y también en movimiento
¡eso es el secreto de todo!
—Do Hyun Choe, maestro japonés

Tal vez el término suena nuevo, extraño, incluso errado o innecesario. ¿Por qué nos molestamos en hablar de una espiritualidad que es sobre todo masculina o varonil? ¿Hay algo que podamos aprender aquí? ¿No nos acercamos todos a Dios de la misma manera? Estoy convencido de que hay sendas diferentes, porque los hombres y las mujeres *prestan atención a cosas diferentes.* Los cineastas saben esto, los editores de libros saben esto, los promotores saben esto, los vendedores saben esto, casi todo el mundo sabe esto, excepto el clero. Afortunadamente, tales diferencias las confirman las historias sagradas universales, las leyendas y los mitos, que se escriben, invariablemente, para hombres *o* mujeres, y también se pueden apreciar diferentes patrones en las Escrituras judeo-cristianas. Esto será evidente cuando lleguemos al final de este libro.

En primer lugar, es preciso mencionar que una espiritualidad masculina no es solamente para hombres, aunque ellos son los que más necesitan redescubrirla y ejemplificarla. Curiosamente, es un enfoque que muchas mujeres, hoy en día, conocen mejor que los hombres. Las mujeres en nuestra cultura, más que los hombres, han sido animadas, incluso obligadas a cultivar su vida interior, y por alguna razón son más abiertas a todo esto.

En general, las mujeres aventajan a los hombres en el reconocimiento de su punto de vista feminista, y también en la integración de *los llamados* aspectos 'femeninos' y 'masculinos' de sí mismas. Sus caminos interiores y los estudios externos han dejado a muchos de nosotros, los hombres, bien rezagados. La búsqueda de su voz femenina por nuestras hermanas ha hecho a los hombres conscientes de que debe haber una auténtica voz masculina en algún lugar. Pero ¿qué es? Sabemos por instinto que la masculinidad no puede ser lo mismo que el patriarcado.

En pocas palabras, es el otro lado de la energía femenina. Es el otro polo, el complemento, el equilibrio, el contrapeso. Sé que estoy tomando un gran riesgo al decir esto. Muchos creen que se trata de un universo unisexual y todas las distinciones de género son cultural y artificialmente creadas. Incluso si eso fuera cierto, aunque creo que es una manera demasiado fácil de concluir el tema, creo que tanto hombres como mujeres pueden beneficiarse mucho al aprender a comparar y contrastar, sin negar que hay muchos grados y etapas entre cualquiera de las polaridades clásicas. Véanlo como una herramienta pedagógica, una forma de aprender.

En la visión china del universo, por ejemplo, el yan o principio masculino, siempre es el complemento necesario del yin o principio femenino. Para la tradición judeo-cristiana, es la mitad de la imagen de Dios: "Dios creó al hombre a su imagen... varón y mujer los creó" (*Génesis* 1,27). La sexualidad es en sí el anhelo de plenitud entre los dos. El patrón arquetípico es tan profundo que incluso muchos idiomas tienen palabras masculinas y femeninas.

No digo que los varones se caractericen por la energía exclusivamente masculina y que las mujeres solo tengan la femenina. De hecho, todo lo contrario, aunque ha habido una tendencia en la mayoría de las culturas a estereotipar, clasificar y delimitar los sexos en un tipo predecible de energía y comportamiento. Lamentablemente esta tendencia nos ha mantenido inmaduros, incompletos, compulsivos y sin la capacidad para vivir una vida de amor –ni humano ni divino.

San Pablo dice: "... no se hace diferencia entre hombre y mujer, pues todos ustedes son uno solo en Cristo Jesús" (*Gálatas* 3,28). La nueva humanidad hacia la que avanzamos no es neutra, unisexual ni hipersexual, ya que todas esas características hacen el amor imposible. En Cristo somos completos, uno, en unión, integrados, totalmente santos. Ese es el producto final de la obra del Espíritu de hacer que todas las cosas sean una. Es el logro consumado de Dios en Cristo que reconcilia todas las cosas dentro de sí mismo (*Colosenses* 1,20) y nos invita a la reconciliación en curso de todas las cosas (*Efesios* 5,20).

Como hombre soltero, no puedo darle mucho sentido a mi estado a menos que encuentre alguna manera de despertar y amar a mi propia alma femenina interior. Sin ella, no soy más que un solterón centrado en mí mismo, un creador de meros sueños, una raíz seca. Un hombre sin su alma femenina es fácil de describir. Su personalidad se moverá hacia el mundo exterior de las cosas, y su cabeza será la torre de control. Construirá, explicará, usará, reparará, manipulará, legislará, ordenará y jugará con todo lo que decida tocar, pero en realidad no tocará nada, porque no conoce el interior de las cosas. No tiene la sutileza, la imaginación, la capacidad de armonizar ni de vivir con la paradoja o el misterio. Ve la realidad como algo para manipular en lugar de vivirla.

De hecho, tiene miedo de la vida real, y es por eso que la torre de control de la razón y el seudo-control trabajan más de la cuenta. Es la única manera que puede darse a sí mismo el sentido de seguridad y significado. Está atrapado en un área de la realidad, que es peligrosa, precisamente porque piensa que es la realidad completa. "Porque tú dices: 'Veo', de hecho sigues siendo ciego", como dijo Jesús (*Juan* 9,41). Corporativamente, se ha convertido en el mito de la civilización occidental que en gran parte ha sido creado por los hombres que han controlado el poder, el dinero, las empresas, la Iglesia, las fuerzas armadas, los libros de moral. Lo que llamamos realidad, y estamos casi totalmente adictos a ella, es en gran medida una construcción de los hombres que, francamente, no se han interesado mucho en su vida interior. No han entrado en su interior, no han aprendido qué es la confianza, la vulnerabilidad, la oración ni la poesía. Ellos, y la civilización que nos han legado, son en gran parte incompletos e incluso enfermizos. Esto no debería necesitar defensa.

Hasta que los hombres y las mujeres que cooperan con ellos reconozcan que no son seres completos, este anti-incarnacionismo que pretenden sea la realidad, no tenemos esperanza de amar ni conocer a Dios. De hecho, nos veremos amenazados por lo que es completo y reemplazaremos (como generalmente lo hemos hecho) toda la audacia de la fe bíblica con 'esquemitas' para la salvación. Thomas Merton los llamó "proyectos privados para la santidad". Los psicólogos los llaman las agendas del ego. En el trabajo de los hombres, los llamamos 'la construcción de nuestra torre'. Básicamente, se trata de transferir el mundo de los negocios que es ganar... lograr... demostrar... triunfar... controlar el reino del Espíritu. Y simplemente no funciona. Es el anti-evangelio. *Hay* una manera mejor.

Para empezar, una espiritualidad masculina haría hincapié en el movimiento más que en la quietud, en la acción en vez de la teoría, en el servicio al mundo en vez de los debates religiosos, en decir la verdad y no en las sutilezas sociales, y en hacer justicia en lugar de cualquier obra de 'caridad' para satisfacer el ego. Sin el complemento masculino, la espiritualidad se convierte en demasiado femenina (¡que en realidad es una falsa feminidad!) y se caracteriza demasiado por la interioridad, la preocupación por las relaciones, un cúmulo de sentimientos sin aclarar y la religión misma en un falso apoyo. Esto impide los viajes a cualquier lugar nuevo, y fomenta una constante protección de los antiguos. Es la religión sin riesgo, todo lo contrario de Abraham, Moisés, Pablo y Jesús.

En mi humilde opinión masculina creo que gran parte de la Iglesia moderna y compleja gira en lo que voy a describir como una especie de religión 'neutra'. Es una de las razones principales por la que los protagonistas, agitadores y agentes de cambio en gran medida han renunciado a la gente de iglesia y a los grupos religiosos. Como una mujer muy eficiente me dijo: "Después de un tiempo te cansas de la jerga intra-muros que parece ir a ninguna parte". Una espiritualidad neutra es la trampa de los que disfrutan de mucho placer, lujo e ideas egoístas. Ellos tienen la opción de no hacer, no cambiar, no tener deseo y sed de justicia. Puede ser liberal o conservadora, pero en cualquier caso, se convierte en una vacuna contra cualquier camino espiritual profundo. Es por eso que la llaman 'neutra'. No genera energía sexual real ni vida.

Una espiritualidad masculina animaría a los hombres a tomar el camino radical del Evangelio desde su propio punto único de inicio, en su estilo propio y único, con sus metas propias y únicas –que es lo que terminamos haciendo de todos modos, pero ahora sin dudas ni disculpas o sin la necesidad de imitar a nuestras hermanas o incluso a nuestros padres. Eso requiere valentía y dominio de sí mismo a gran escala. Este hombre tiene vida para los demás y lo sabe. No es necesario empujar, intimidar o jugar los juegos de poder comunes a otros hombres porque posee poder con seguridad y serena confianza en sí mismo. No es obstinado ni arrogante, pero *sabe*. No necesita símbolos de estatus porque deriva su identidad de Dios y de su interior. No necesita maletines ni ropa interior con sus iniciales; su identidad está definida y segura. Está en posesión de su alma y no la vende barata a las corporaciones, los ejércitos, los gobiernos ni a la reflexión colectiva aceptable. Está más allá de pensar en términos de los estados rojos y azules [nota de trad.: referencia a los colores de los partidos políticos de EE. UU.: azul = demócrata; rojo = republicano].

Los hombres santos son, simplemente, personas completas. Confían en su alma masculina, porque han conocido el lado bueno masculino de Dios, a quien llaman "Padre". El Padre les enseñó acerca de la ira, la pasión, el poder y la claridad. Les dijo que tenían que recorrer todo el camino y pagar el precio por ello. Compartió con ellos su propia semilla creativa, su propia Palabra decisiva, su propio Espíritu iluminador. Se sienten cómodos cuando saben, y se sienten cómodos cuando no saben. Pueden interesarse en algo o no interesarse –sin culpa ni vergüenza. Pueden actuar sin lograr el éxito porque han reconocido su miedo al fracaso. No tienen la necesidad de afirmar o negar, juzgar o ignorar. Pero se sienten libres de hacer todo con impunidad. Un santo es invencible.

Hay muchas razones, estoy seguro, de por qué una espiritualidad masculina sana ha tardado tanto en surgir. El Estado necesitaba conformistas y guerreros insensibles que llevaran a cabo sus asuntos, y la "Santa Madre Iglesia" parece que ha querido niños más que, lo que Jesús llama, "novios" y que yo llamaría místicos. Pero estoy convencido de que hay una razón más fundamental por la cual los hombres y las mujeres no han podido amar y confiar en su energía masculina. Es esta: la gran mayoría de la gente en la civilización occidental sufre de lo que se identifica en este libro como "la herida paterna". Los que sufren esta herida paterna nunca han sido tocados por su padre humano. O éste no tenía tiempo, libertad o necesidad, pero el resultado es: niños que no tienen energía masculina y carecen de autoconfianza y de la capacidad de hacer, de completar, de confiar en sí, porque nunca confiaron en su padre. Temen e incluso a veces odian el lado masculino de Dios, por razones muy comprensibles. Pero la pérdida ha sido incalculable.

Si hay una muy buena razón para que Dios se revele como el Padre de Jesús, es porque ahí es donde la mayoría de la gente está herida –insensible, incrédula e incompleta. Con Felipe el Apóstol, diremos juntos: "Señor, muéstranos al Padre, y será suficiente para nosotros" (*Juan* 14,8). Sin enfrentarse a esta herida, sin sentirla ni curarla, estoy seguro de que la mayoría de los hombres seguirán llevando vidas de seudo-masculinidad: comportándose igual y con la misma bravuconería, desplegando el poder fingido en lugar de la impotencia genuina. Y los hijos e hijas de la próxima generación repetirán el triste proceso nuevamente.

Hoy en día, muchos de los hijos de Dios están faltos de dignidad, confianza en sí mismos o verdadero poder. Tienen poca autoridad interna, y como es fácil predecir, confían demasiado en la autoridad exterior. *Tienen cara de ser los opresores, pero no hay ninguna duda de que son realmente los oprimidos.* Creímos en las falsas promesas del sistema, incluso más que las mujeres y ahora estamos atrapados en lo que se supone que es la cima. Necesitamos la verdadera amistad de hombres y mujeres; necesitamos también nuestras almas femeninas; necesitamos padres y hermanos; necesitamos también un buen Dios masculino para encontrar de nuevo nuestro camino hacia el círculo humano. Necesitamos de nosotros mismos –de nuestra interioridad. Sin embargo, tenemos que actuar en el exterior. Es una danza.

El hombre espiritual en la mitología, la literatura y las grandes religiones del mundo tiene *exceso de vida, sabe* que la tiene, no necesita dar explicaciones y, finalmente, reconoce que ni siquiera tiene necesidad de protegerla o guardarla. No es para él. Es para los demás. Su vida no es de su propiedad. Su vida no es acerca de él. Se trata de Dios.

TRES

Hombre y mujer

Dios los creó

El hombre estaba a la puerta y tocó.
La mujer desde adentro, dijo, "¿Quién eres?".
El hombre afuera, dijo, "¡soy yo!".
La puerta permaneció cerrada.
Ella volvió a preguntar: "¿Quién eres?".
Esta vez, él respondió: "¡Soy tú!".
Y le abrió la puerta completamente.

Según la Biblia la humanidad fue creada hombre y mujer a la imagen de Dios (*Génesis* 1,27), pero esa distinción entre hombre y mujer surge después de su unión original entre ellos y con Dios (*Génesis* 2,18-23). Por lo tanto toda espiritualidad sana siempre tendrá un verdadero carácter sexual, un deseo de re-unión. La religión es siempre, en un sentido u otro, sobre cómo *¡hacer de dos, uno!* La religión barata es siempre cuestión de mantener a los *dos* y las cosas separados y aparte. Piensa en eso y verás si no es verdad.

Durante incontables generaciones, sin embargo, la cultura humana y la sociedad han destacado las diferencias entre hombres y mujeres en lugar de su unidad subyacente. A pesar de la fascinación sin fin que existe entre los sexos, las costumbres sociales han distinguido claramente la masculinidad de la feminidad y la moral sexual se ha preocupado por mantener a los hombres y a las mujeres separados. Es probablemente por eso que las personas homosexuales son una amenaza para la mayoría de las sociedades. Nuestra sociedad nos ha enseñado a considerar el sexo opuesto con sospecha, y nuestra cultura ha generado en nosotros un espíritu de competencia entre las diferentes formas de poder.

Como la mayoría de las culturas han sido patriarcales o dominadas por los hombres, las mujeres suelen ser vistas, y son a menudo, un grupo oprimido en la sociedad. Los hombres tienen todo el poder visible y las mujeres son las perdedoras. En mis propias reflexiones sobre la tensión entre hombres y mujeres, sin embargo, he llegado a ver que los dos son perdedores. Se nos priva de esa sana totalidad, –y me atrevería a decir, santidad– que se produce cuando se integra lo masculino y lo femenino en nuestras vidas como hombres o mujeres. Hasta sugeriría que los hombres sufren mayor privación que las mujeres. Ya una de las expresiones más populares de Jesús lo dice muy claramente: "los últimos serán los primeros y los primeros, los últimos". No es bueno estar en la 'cima'.

Las mujeres a menudo pueden compensar por la función que se les ha asignado buscando el poder de manera indirecta, como por ejemplo: aprendiendo a manipular y a lisonjear para suplir sus necesidades. Se han vuelto mucho más creativas en las formas de usar el poder. En otras palabras, aprendieron la danza entre el poder y la impotencia de una manera que los hombres nunca lo hicieron. Los hombres no hemos tenido esa misma posibilidad. El comportamiento femenino era tan estrictamente tabú que a los hombres se les ha impedido reconocer y desarrollar la dimensión femenina dentro de sí mismos. Una vez más, la mujer ha tenido que desarrollar las dos partes y logró lo que creo es una ventaja significativa en la comprensión de la naturaleza misma de la espiritualidad, en particular la espiritualidad cristiana.

En los últimos años, teólogos del Tercer Mundo han dejado muy claro que gran parte del Evangelio que Jesús proclamó y que la iglesia de los primeros tiempos vivió se refería a la liberación *en este mundo*. "¡Igual que ahora, así será luego!". La 'buena noticia' que es la raíz etimológica de la palabra *evangelio*) es que la gente puede liberarse de la opresión, la ilusión y la muerte que los ata. El cielo es sólo su continuación. Las primeras personas que aceptaron y respondieron al mensaje liberador del Evangelio, por supuesto, fueron los pobres y los impotentes. Ellos fueron los bienaventurados porque sabían que estaban incompleto y necesitados de sanación / *salus* / salvación (*Mateo* 5,3–12).

Mucho en las enseñanzas de Jesús, sin embargo, no fue dirigido a los pobres sino a los ricos, no a los débiles sino a los poderosos. Jesús, evidentemente, vio a los opresores (a menudo tipificado en los tres primeros Evangelios como "los escribas y los fariseos") con una necesidad aún mayor debido a que se quedaron atrapados por su propia autosuficiencia (*Mateo* 23,13-39). Sabemos que en nuestros días todavía esto es cierto. Los ricos se ven privados por su propia riqueza, los poderosos son víctimas de sus propias posiciones, los opresores son oprimidos por su propia dominación. Casi nunca lo ven así, pero trata de pensar en un gran maestro espiritual en cualquiera de las religiones del mundo que no diga esas cosas.

Si este es el caso, entonces las mujeres no ganan nada al darle la vuelta a la situación. Algunas feministas creen que si los roles entre hombres y mujeres se revertieran, las mujeres serían liberadas de la opresión en nuestra sociedad patriarcal y que la 'igualdad de oportunidades' según el género va a resolver todos nuestros problemas. Si simplemente se les da vuelta a las funciones, sin embargo, las mujeres estarán tan atrapadas como lo están ahora los hombres, pero en un matriarcado o sistema dominado por mujeres.

El Evangelio liberador de Jesús consiste en que la salvación no se encuentra en la dominación sino en la colaboración, no en ejercer el poder, sino en compartirlo. Los pobres no se salvan robándoles a los ricos. Los débiles no se salvan conquistando a los fuertes. Los oprimidos no se salvan convirtiendo a los amos en sus esclavos. Revertir las cosas simplemente perpetúa la situación humana de pecado que Jesús vino a redimir.

La persona completa espiritualmente integra dentro de sí lo masculino y lo femenino de las dimensiones del espíritu humano. Ella o él son andróginos, en el mejor sentido de esta palabra derivada de dos palabras griegas que significan "hombre" y "mujer".[1] Es fascinante que algunas tribus y civilizaciones de hecho consideraban que el hombre-mujer era en realidad el *chamán,* el sabio, el vidente espiritual. Eran la imagen de la totalidad divina. La androginia es la capacidad de ser hombre de manera femenina y de ser mujer de manera viril, si puedo atreverme a decirlo así. Probablemente requiere toda una vida para llegar hasta allí, que es la razón de la belleza que vemos en hombres y mujeres mayores. El joven es todo 'masculino', y la joven es toda "azúcar y especias y todo lo bueno". Si lees las leyendas y los mitos clásicos, toma en cuenta cómo siempre conoces a la mujer fuerte y mayor y al hombre bondadoso y mayor al final de la historia. Este es el objetivo.

NOTA

1. Para más información sobre la androginia, lee *The Invisible Partners* de John A. Sandford (Paulist, 1980).

El sistema adictivo

En un mundo de fugitivos,
la persona que va en dirección opuesta parecerá que huye.
—T.S. Eliot, *The Family Reunion*[1]

Anne Wilson Schaef es una psicóloga que ha escrito en los últimos años varios libros sobre la adicción y la codependencia, causadas no sólo por las drogas, sino también por el pensamiento y el comportamiento de la sociedad actual.[2] Cuando ella comenzó a escribir sobre el sistema social en el que se vive y trabaja en Europa y América del Norte, lo calificó como el sistema del hombre blanco debido a que estas culturas están dominadas por hombres blancos. Después, sin embargo, llegó a la conclusión de que muchas mujeres también aceptaron este sistema y lo defienden tan enérgicamente como la mayoría de los hombres, lo mismo que algunos no blancos. También vio que esto es solo uno de una serie de sistemas a los que la gente en nuestra sociedad es adicta, por lo que analiza mucho de lo que está pasando en los Estados Unidos hoy, en términos de lo que es una 'sociedad adictiva'. Esta es probablemente una palabra más apta.

Schaef cree, y comprueba decididamente, que la inmensa mayoría de los hombres en nuestra sociedad es adicta a formas de pensar, sentir y actuar que sistemáticamente los atrapan sin que se den cuenta, casi igual que como lo hacen el alcohol, la nicotina o la adicción a otros narcóticos que de manera sutil, pero segura, atrapan a sus víctimas. Creen que son los amos de la realidad social que definen, pero en realidad están encarcelados en ella. Las cuatro paredes de la celda de su prisión son las que Schaef llama los cuatro mitos–creencias determinantes que definen el universo mental en el que vive la mayoría de los hombres.

El primer mito es que *el sistema del hombre blanco es el único sistema que hay.* Los hombres atrapados en este mundo no conocen otra forma de ver la realidad. Son adictos a una visión unidimensional del mundo, y esto define la realidad. No hay otro juego en la ciudad, sino el juego del poder, el estatus y la riqueza. Es el que se juega en las salas de reuniones de la América corporativa, en las bolsas de valores y de materias primas, en los campos de juego de los deportes profesionales, en los gobiernos locales y nacionales, en las filas de obreros y empleados de oficinas y en los barrios de los suburbios. La lista podría ampliarse interminablemente porque el mito abarca, de una manera u otra, todo en nuestras vidas. Es la forma en que todos vivimos. En mayor o menor medida, todos somos adictos a este sistema, hombres y mujeres, y a la realidad que él define para nosotros.

El segundo mito es que *el sistema del hombre blanco es naturalmente superior.* Otras personas pueden tener otras formas de pensar, sentir y actuar, pero están desconectadas de lo que damos por sentado es la realidad, o incluso más cínicamente, *"the bottom line"* (el saldo) [nota de trad.: el balance neto de ganancias]. Sus actitudes y acciones son, en el mejor de los casos, pintorescas y divertidas, y en el peor malas y peligrosas. Desde esta posición de superioridad, los que conforman el sistema pueden juzgar a aquellos fuera de él. Las mujeres pueden ser etiquetadas como débiles, los negros como incompetentes, los chicanos como perezosos, los rusos como no confiables, los pobres como improductivos, las personas sin educación como ignorantes, los no nacidos como desechables. La lista es tan larga como la lista de los prejuicios de los hombres blancos. El sistema define lo que es correcto, bueno y verdadero. Es sólo la forma corporativa del inherente narcisismo que caracteriza a todos los que no han sido iniciados.[3]

El tercer mito es que *el sistema del hombre blanco lo sabe y lo comprende todo.* No hay nada que esté fuera de su competencia o, si lo hay, no es importante. El sistema y los que los dominan entienden qué es lo mejor para todos y qué es mejor para el mundo. Ellos saben lo que Dios quiere, y entienden cómo Dios quiere que la gente viva. Pueden, por lo tanto, legislar la economía, la política e incluso la moral. El sistema y los que son adictos a él no tienen dudas acerca de cómo son las cosas y cómo deberían ser. En mi opinión, esta arrogancia de hecho ha asumido forma religiosa en gran parte de la cristiandad occidental, y lo digo después de treinta y cinco felices años como sacerdote católico.

El cuarto mito es la creencia que *es posible para nosotros ser totalmente lógicos, racionales y objetivos.* Todo lo que vale la pena conocer se puede objetivar y cuantificar. Se puede contar como parte del producto nacional bruto, medir y pesar en la balanza del poder político, ser observado y analizado por alguna u otra ciencia, o puede ser legislado o protegido por alguna u otra ley. Si hay algo que no puede ser conocido a través de la tecnología del sistema, es irrelevante, y puede ser descartado. Sentimientos, valores, esperanzas, ideales, derechos y otros intangibles solo cuentan cuando se pueden cuantificar y medir.

Aunque los tres primeros mitos revelan lo parcial e incompleto que el sistema del hombre blanco es en realidad, el cuarto mito muestra por qué es tan adictivo. Al igual que el alcohólico que se dedica a lo que Alcohólicos Anónimos llama *"stinkin' thinkin'"* [pensamientos apestosos], las personas atrapadas en este sistema practican una manera muy limitada de pensar y percibir. Es un pensamiento de todo o nada; el pensamiento dualista, o sea: estás conmigo o estás contra mí. No hay mucha esperanza de crear la unión. La adicción de la gente a su propio sistema la ciega ante cualquier cosa y a todo lo que cae fuera de ese sistema. *Lo que ven y sienten es sólo lo que alimenta su adicción, o lo que la amenaza.* Se consideran lógicos, incluso cuando están siendo incoherentes. Se consideran razonables, incluso cuando están siendo irracionales. Se consideran morales, incluso cuando hacen cosas que los destruyen a ellos y a los demás. Es por eso que muchos alcohólicos se llaman desconsideradamente 'borrachos secos' incluso después de dejar de beber. Los patrones de pensamiento son todavía uno o lo otro y no interpretan muy bien la realidad.

Anne Wilson Schaef sugiere, además, que estos cuatro mitos están limitados por otro mito que todos los adictos apoyan, de la misma manera que las cuatro paredes de una celda apoyan al techo que retiene dentro al prisionero. Al igual que el techo, nadie le presta mucha atención, pero está ahí. Es una creencia de facto, que *sí es posible para nosotros ser Dios.* Esta es, por supuesto, la tentación misma de la serpiente en el jardín (*Génesis* 3,5). Por supuesto, la mayoría de los hombres blancos niegan que esto sea parte de su sistema de creencias, pero eso es porque no quieren las consecuencias de sus creencias. Si Dios es el ser supremo que existe, que define la realidad y que lo sabe todo, el resultado es que al crear y mantener un sistema adictivo, los hombres blancos, a sabiendas o no, juegan a ser Dios.

Pude ver un ejemplo de esto en un libro escrito por Bob Woodward en el que cuestiona al director de la CIA, William Casey.[4] La esposa de Casey llama ¡"blasfemia" cualquier cuestionamiento a su marido! Como buena católica irlandesa ella debería saber que la blasfemia es una palabra para describir una ofensa contra Dios. Qué extraño que ella, consciente o inconscientemente equiparara a Dios con la CIA, o las necesidades de seguridad de los Estados Unidos con algo que Dios nunca nos prometió ni Jesús elogió. Sin embargo, a menudo pensamos de esa manera como nación y nunca vemos la contradicción. Muchos grupos lo hacen.

Lo que es una verdadera blasfemia es la sustitución de Dios con el sistema del hombre blanco y la forma en que el sistema se apropia para sí los atributos de Dios. Ya sea que lo llamen patriotismo, interés nacional, lealtad a la empresa o fidelidad a su iglesia, la exigencia de incuestionable lealtad y obediencia ciega es la misma exigencia que las drogas hacen al adicto. Para que las personas desarrollen cualquier espiritualidad profunda hoy en día, y especialmente si los hombres han de desarrollarse espiritualmente, necesitan ser liberados de las visiones del mundo egoísta. Las mitologías del hombre generalmente representaban esto como la muerte necesaria del dragón. Simplemente lo llamamos conversión, *metanoia* (nueva mente), arrepentimiento, transformación o iniciación. Elige tu palabra preferida, pero cada religión madura insiste en que es *necesario,* o no podremos situarnos correctamente en el universo.

NOTAS

1. T.S. Eliot, *The Family Reunion* (New York: Harcourt, Brace, Jovanovich, 1939), p. 110.

2. Sus obras incluyen: *Women's Reality: An Emerging Female System in a White Male Society* [La realidad de las mujeres: un emergente sistema femenino en la sociedad del hombre blanco (San Francisco: Harper & Row, 1986), *When Society Becomes an Addict* [Cuando la sociedad se convierte en adicta] (San Francisco: Harper & Row, 1987) y *The Addictive Organization: Why We Overwork, Cover Up, Pick Up the Pieces, Please the Boss and Perpetuate Sick Organizations* [La organización adictiva: ¿Por qué sobre trabajamos, encubrimos, recogemos los pedazos, agradamos al jefe y perpetuamos los organismos enfermos, con Diana Fassell (San Francisco: Harper & Row, 1988).

3. Richard Rohr, *Adam's Return*. Este es mi intento más completo de analizar lo que el rito de iniciación trataba de hacer para los hombres y la cultura.

4. Bob Woodward, *Veil: The Secret Wars of the CIA 1981-1987* [El velo: las guerras secretas de la CIA 1981-1987] (New York: Simon and Schuster, 1987).

CINCO

La liberación de los hombres

Hay dos maneras de ser profeta. Una de ellas es decirle al esclavo que puede ser libre. Es el difícil camino de Moisés. La segunda es decirles a aquellos que piensan que son libres que en realidad son esclavos. Este es el camino aún más difícil de Jesús.

—Richard Rohr

Mi primera misión como diácono fue con la tribu Ácoma de nativos americanos en Nuevo México. Antes de ir a visitarlos, los otros franciscanos trataron de prepararme para un choque cultural contándome lo diferente que son estas personas. Me dijeron que los ácomas son una sociedad matriarcal en la que las mujeres son los verdaderos jefes de la tribu. Las mujeres son las fuertes, las que toman las decisiones y les dicen a los hombres qué tienen que hacer. Si yo quería trabajar con esta gente, me aconsejaron, tendría que aprender a trabajar con las mujeres.

Así prevenido, pasé mi tiempo inicial en la Reservación sólo observando y escuchando, tratando de aprender los patrones sociales que prevalecían entre ellos. Después de unas semanas, sin embargo, me di cuenta de que no había mucha diferencia entre estas personas y la gente de mi casa. Lo único diferente era que los ácomas eran muy francos sobre la forma en que funciona la sociedad. Las mujeres tienen el poder real y todo el mundo lo admite, mientras que en la sociedad blanca todos pretenden que los hombres son los jefes y las mujeres son impotentes. Nosotros, los hombres pensamos que damos las órdenes, pero muchas de las decisiones del día a día que en realidad controlan nuestras vidas las hacen las mujeres. El poder de los hombres es en gran medida económico, político y físico, y Jesús les preguntaría si ese es el verdadero poder, a pesar de que también implica cuestiones claras de justicia.

Una anécdota que leí en alguna parte expresa esta idea con humor, pero deliberadamente. Cuando se le preguntó quién toma las decisiones en su familia, un hombre contestó que su esposa toma todas las decisiones pequeñas y ella le permite hacer todas las grandes. Al presionarlo para que aclarara lo que quería decir con eso, explicó, "Mi esposa decide en qué barrio debemos vivir, qué escuelas son las mejores para nuestros hijos, cómo presupuestar nuestro dinero, dónde debemos ir de vacaciones, con quién nos juntaremos, y cosas por el estilo. Pero yo decido las cosas importantes, como por ejemplo si debemos confiar en los rusos, si el gobierno está haciendo un buen trabajo y lo que debemos hacer acerca de la economía". La anécdota es a la vez divertida y triste porque el hombre, evidentemente, se ha creído el engaño de que esas son las "grandes" decisiones en su vida diaria.

Incluso en el trabajo, la mayoría de los hombres no tienen mucho poder. Si son obreros, hacen lo que les ordenan hacer, que suele ser la misma cosa todos los días, una y otra vez. Si son supervisores o gerentes, siempre hay algún jefe más arriba que les dicen qué hacer y qué no hacer. Si son vendedores, siempre están tratando de complacer a sus clientes. Incluso si son ejecutivos, la mayoría de sus llamadas decisiones son determinadas por los protocolos y las políticas de la empresa, por las juntas administrativas y las fuerzas del mercado más allá de su control. A la mayoría de los hombres se les paga por hacer lo que alguien más quiere hacer. En realidad, no controlan sus propias vidas. No es extraño que tantos hombres se hayan convertido en pasivos, y no es de extrañar que tantos hombres parezcan estar enojados.

Esta falta de control es la razón por la que el ocio y las vacaciones son tan importantes para la mayoría de los hombres. Las tensiones de siempre tener que cumplir los plazos establecidos por otros, de estar a la altura de las expectativas de alguien y de saber que otro hombre está listo para ocupar su trabajo si lo hace mal, hace que sea necesario salirse periódicamente de la carrera competitiva y olvidarse de lo tenso que está. Así que realmente no puede decidir no ver la televisión o no salir los fines de semana o no tomarse unas vacaciones porque realmente necesita esos escapes de su rutina diaria. El trabajo no es re-creativo, por lo que busca recreo. Nuestra cultura presenta a los hombres la ilusión de que toman las decisiones, pero lo que hace es castrarlos e impedirles seguir nuevos rumbos o salir de las rutas trazadas para la carrera competitiva. Los hombres raras veces tienen la oportunidad de tomar decisiones que realmente cambien las cosas en sus propias vidas o en el mundo que los rodea, excepto en una forma de diversión inferior. Tienen que jugar el juego establecido o no serán recompensados.

Otro indicio de ello es que muy poca gente en los Estados Unidos se molesta en votar. En apariencia, nos enorgullecemos de nuestra democracia, pero menos de la mitad de los votantes elegibles acude a las urnas para las elecciones nacionales y menos aún se molesta en votar en las elecciones locales. El presidente de los Estados Unidos, por ejemplo, es regularmente elegido por solo una cuarta parte de los adultos en nuestro país. Cuando se les pregunta en encuestas, muchos estadounidenses dicen que no votan porque se sienten impotentes para cambiar el sistema o porque no ven ninguna diferencia real entre los candidatos. No importa quién gane, dicen, las decisiones reales en el gobierno van a ser controladas por poderosos grupos de presión, los intereses empresariales y las corporaciones multinacionales que son más poderosos que la mayoría de los gobiernos. No se molestan en escribir al Congreso o en unirse a los grupos de acción ciudadana, esencialmente por las mismas razones.

El sistema adictivo, por lo tanto, ofrece la ilusión de poder y libertad, pero en realidad frena cualquier poder real de decisión. Esta es la razón por la que tiene que ofrecer la ilusión de triunfo –promociones, cheques y otros símbolos de prestigio– a hombres que inconscientemente saben que desplazarse a otro nicho del laberinto no es un escape del juego totalmente controlado que se ven obligados a jugar. Un escritorio más grande, una oficina privada, una casa más grande, un automóvil nuevo, una vacaciones más caras –son las recompensas esencialmente vacías que los hombres reciben a cambio de entregar su libertad y drenar su energía masculina en el servicio de los negocios de costumbre.

A los hombres se les enseñan las reglas del sistema muy temprano en su vida. Cuando yo enseñaba en Roger Bacon High School, en Cincinnati en 1970 y 1971, la mayoría de los chicos eran lo que se diría normales. Eran inteligentes, bien parecidos, saludables y en una especie de vía rápida [hacia el triunfo]. Y, sin embargo la gran mayoría de ellos se sentían mal consigo mismo. Si no podían ser elegidos para el senado estudiantil, si no se parecían a estrellas de cine, si no podían formar parte del equipo de fútbol, se sentían como sino fueran nada. Era de suponerse que una escuela secundaria franciscana hubiera podido ofrecerles una visión más cristiana de la vida, pero funcionaba en gran medida de acuerdo con el mismo conjunto de valores que el resto del mundo. La educación católica, al igual que toda la educación en nuestra cultura, enseña las motivaciones y las recompensas del sistema del hombre blanco en el que el individuo es siempre culpado por el fracaso, no el sistema en sí.[1]

Parte de nuestra opresión como hombres, por supuesto, es que se nos enseña a oprimir a otros de menor estatus que nosotros. Se crea una jerarquía y un sentido de superioridad. En especial, oprimimos a las minorías raciales, los homosexuales, los pobres y las mujeres. Psicológicamente tenemos que hacer esto con el fin de sentir algo de superioridad en la ausencia de logros reales. Cuando se nos impide hacer que las cosas sean diferentes en el mundo, creamos ilusiones de que hay diferencias con el fin de sentir de algún modo la autoestima. Por alguna razón, el ego se crea mediante la comparación y la competencia. Realmente no tengo que hacer nada que sea grande, sólo tengo que saber que yo soy *mejor, más alto, más fuerte, más inteligente* que el otro tipo. Este es un modelo raro y finalmente contraproducente para el crecimiento masculino. Se llama el mecanismo del chivo expiatorio. Soy bueno únicamente porque alguien es malo.

La liberación de los hombres es, por lo tanto, aun más difícil que la liberación de la mujer. Las mujeres saben que son oprimidas, y eso en sí es el comienzo de la liberación. Las mujeres conocen los juegos de los hombres, mientras que los hombres ni siquiera reconocen el sistema como un conjunto de juegos. Aun cuando lo reconocemos, creemos simplemente que así es el mundo, que la vida tiene que ser así. Pero la vida no tiene que ser así. Hay una salida. *¡Deja de creer en todo eso!* Busca tus recompensas y energía en otra parte. En el lenguaje bíblico se llama *salvación*: salvarse del mundo y sus falsas promesas, ser salvado de nosotros mismos —mucho más que ser salvado del "infierno". Por supuesto, nunca tendrás la capacidad o la valentía para dejar de creer en la ilusión, hasta que haya algo *más* y *mejor* que ocupe su lugar. Ahí es donde el verdadero Dios del amor entra en escena. Dios da al alma sana un marco de referencia totalmente nuevo *fuera* de este sistema.

A menudo me siento, como dijo Thomas Merton, igual que el conductor en un tren que sabe que se dirige hacia un precipicio determinado. Corre por los pasillos diciendo a la gente que se baje antes de que sea demasiado tarde, y solo lo miran con asombro por su obvia incoherencia e histeria. No se puede liberar a nadie hasta que estén convencidos de que necesitan liberación. En las culturas más pobres esto es algo fácil. Aquí, en nuestra cultura, tenemos suficiente confort de clase media y libertad limitada para evitar la cuestión por largo tiempo —algunas veces durante toda nuestra vida. Con razón Jesús hizo lo que se llama su declaración más ignorada, y es ciertamente una de las más ofensivas y chocantes: "Es más difícil para un hombre rico entender lo que estoy diciendo, que para un camello pasar por el ojo de una aguja" (ver *Mateo* 19,24, *Marcos* 10,25 y *Lucas* 18,25). ¿Por qué los papas y sacerdotes no hacen nunca declaraciones infalibles y doctrinales al respecto? Tal vez porque somos ricos también, disfrutando demasiado de los frutos del sistema al que se supone que deberíamos cuestionar.

NOTA

1. Richard Rohr, *The Spiral of Violence: The World, the Flesh, and the Devil* [La espiral de la violencia el mundo, la carne y el diablo], una charla grabada dada en Albuquerque in 2005 (Center for Action and Contemplation, Box 12464, Albuquerque, NM 87195).

Iniciación del hombre

*Los héroes de todos los tiempos nos han precedido; el laberinto
es bien conocido, solo tenemos que seguir el hilo de la
trayectoria del héroe. Y donde habíamos pensado encontrar
una abominación, encontraremos un dios; donde habíamos
pensado viajar hacia el exterior, llegaremos al centro de nuestra
propia existencia; y cuando habíamos pensado que estaríamos
solos, estaremos con todo el mundo.*

—Joseph Campbell

En casi todas las culturas, los hombres no nacen, se hacen. Mucho
más que para las mujeres, las culturas tradicionalmente han exigido
los ritos de iniciación específicamente para los niños varones. Es casi
como si las experiencias biológicas de la menstruación y el parto
fueran lecciones que ofrecen suficiente sabiduría para las mujeres,
pero a los hombres siempre hay que juzgar, limitar, cuestionar, san-
cionar, humillar, circuncidar, aislar, dejar pasar hambre, desnudar e
incitar a la madurez. El patrón es casi universal, y las únicas excep-
ciones las vemos en el recientemente secularizado Occidente. Los
Niños Escuchas (Boy Scouts), las clases de confirmación, los clubes
de Leones y clubes de Elks han tratado de desempeñar esa función,
pero con poco efecto espiritual.

Históricamente, el programa era claro. El niño era separado de la energía protectora femenina, era llevado al espacio ritual donde la novedad y la masculinidad se veían como algo sagrado; el niño era herido y probado ritualmente, y así tenía la experiencia de vincularse con otros hombres y aprender lealtad a los valores tribales y, luego tenía algo que dar de vuelta. Ese patrón ha sido tan ampliamente documentado que uno se asombra de que lo hemos dejado desaparecer tan fácilmente. La experiencia contemporánea de las pandillas, la confusión de la identidad de los sexos, la idealización romántica de la guerra, la violencia sin sentido y la homofobia, todos crecerán sin control, me atrevo a predecir, hasta que los niños sean nuevamente instruidos y formalmente enseñados por los ancianos sabios. Históricamente, era el significado del curandero, el sacerdote y el chamán. Ahora los niños ven en los entrenadores, sargentos y predicadores fundamentalistas lo que la iglesia ya no les da. De hecho, incluso se resienten de los clérigos, probablemente debido a que por mucho tiempo les dimos piedras en lugar de pan, moralidad mínima en vez de caminos que requieran valentía, días de precepto en lugar de la búsqueda de una visión arriesgada.

La iniciación masculina siempre tiene que ver con lo riguroso, las situaciones límites, las dificultades, la lucha y por lo general una confrontación respetuosa con lo irracional, inconsciente o, si se quiere, lo salvaje. *Se prepara al joven para hacerle frente a la vida de maneras diferentes a las de la lógica, la administración, el control y la resolución de problemas.* Francamente, lo prepara para la confrontación con el Espíritu.

Debido a que no tenemos esa formación hoy en día, el hombre moderno no solo está atrapado dentro de su zona de confort, sino que también está atrapado dentro de su pequeña psique y de lo que él piensa que es la razón. Este es el mito de la modernidad, que ha calado hondo en los últimos siglos en Occidente. Es un mito tan cierto como es el mito de Zeus o el mito de Quetzalcóatl o el de Adán y Eva. Debido a que nuestros hombres no se han iniciado en lo sagrado, piensan que su pequeño mito es en realidad la verdad objetiva y el orden universal. Están tan atrapados en el interior del mito de la modernidad ("modernismo" = la filosofía del progreso + la razón del cerebro izquierdo como verdad adecuada + la autonomía y el desarrollo del individuo) que somos cada vez menos capaces de encontrar una Realidad Trascendente verdadera. Caímos en el cinismo del "postmodernismo" alrededor de 1968, al menos en Estados Unidos. Cuando la lógica y el orden no produjeron "orden", simplemente lo abandonamos totalmente. Produjo una sociedad y psique sin forma. El ateísmo y el agnosticismo eran impensables hasta el período moderno y el posmoderno.

En las historias clásicas de la salvación y en los viajes míticos, los hombres suelen moverse usualmente a través de varias etapas en el desarrollo de la conciencia: desde (1) simple a (2) compleja a (3) iluminada. Hay distinciones más sutiles dentro de estas, pero para nuestros propósitos, estas tres serán suficientes. Coincide con el consejo del maestro zen que dice que se debe comenzar con una respuesta de sentido común, luego, pensar, estudiar, esperar, luchar y buscar como si todo dependiera de ti, que es la conciencia compleja en la que mucha gente se queda, pero que debe llevarte de vuelta a la simple respuesta de sentido común, pero de una manera totalmente nueva que no ha partido para nada del sentido común. Algunos lo llaman la iluminación.

El *puer*, u hombre no iniciado, comienza en la conciencia simple. Todo es maravilloso y verdadero, blanco y negro, lleno de misterio y con el significado fácilmente accesible bajo la superficie. Somos verdaderos creyentes hasta la edad de siete u ocho años, aunque algunas personas son capaces de retener la conciencia simple mucho más tiempo. Es una inocencia ("estado sin heridas") que muchas personas en las familias protegidas y las sociedades sin complicaciones disfrutan durante gran parte de sus vidas. Es ingenuo, y tal vez peligroso permanecer allí mucho tiempo, pero se caracteriza por una rica vida interior de cuentos, fantasía y significados religiosos que permiten a la gente atravesar ilesa por grandes dificultades. Simplemente penetran en su interior y encuentran su propósito trascendente, y todas las injusticias, las contradicciones y sufrimientos se pueden manejar. Es la terapia divina que ha llevado a muchas personas desde tiempo inmemorial por el camino de la vida. Se llama simplemente creencia o fe. Nada funciona como ella. Se trata de Adán y Eva en el jardín, en armonía con ellos mismos, los animales, la creación y Dios.

Pero tenemos que dejar el jardín para escribir el resto de la Biblia. Invariablemente, "comemos del árbol del conocimiento del bien y del mal" y nos movemos hacia la conciencia compleja. Nos educamos, empezamos a pensar, a gestionar y tratar de controlar la información. Nos convertimos en un bulto de contradicciones y opiniones, de negaciones y afirmaciones útiles. Sabemos que la respuesta está ahí en alguna parte, y seguimos escuchando las respuestas, leyendo libros y refugiándonos en certezas temporales hasta el próximo ataque de ansiedad.

Esa es la mayor parte del viaje, en el que necesariamente vivimos en medio de Escila y Caribdis, el minotauro y las sirenas. Se trata de los hijos de Israel errando en círculos durante cuarenta años en el desierto. Es el pensador moderno de una educación liberal en busca de la verdad definitiva en los sentimientos, las explicaciones, el próximo libro y la política "correcta". En la conciencia compleja sabemos demasiado para volver a la magia y la paz del jardín de la infancia, simbolizado por los querubines con espadas de fuego que custodian el regreso al árbol de la vida (ver *Génesis* 3,24).

Para muchos, sin embargo, la fascinación de la conciencia compleja los mantiene dentro de ella para siempre. Es el '*angst*' y la carga de los hombres modernos. Siguen tratando de entenderla con sus pequeños corazones y mentes. De alguna manera su lógica y los parámetros de tiempo decididamente los llevan al fracaso. La mayoría de los occidentales se encuentran atrapados en la conciencia compleja y vuelve siempre a los mismos pozos a buscar agua: los pozos de la razón, el orden, el control y el poder. Es bueno, necesario y predecible. Tenemos que pasar por ello. Yo pasé por eso. No hay vuelo directo, lamentablemente, a la iluminación o la salvación. Esta es la ilusión del fundamentalismo, en todas sus formas. Nunca hay que dejar el jardín en que uno se encuentra. Pero el problema es que todavía ¡no es la verdadera transformación ni la salvación! No te puedes salvar hasta que hayas caído, y ellos no se permiten tener la experiencia de la caída. Es el clásico error del llamado "fariseo", que siempre sabe lo que es "correcto".

Sin la segunda etapa dolorosa no hay deseo, amplitud, ni comprensión real del don. Normalmente, el héroe nunca llega a la iluminación hasta que ha sufrido una serie de heridas, decepciones y paradojas. Es en la lucha con las tinieblas y el dolor donde se educa el alma masculina. Físicamente, la oscuridad se vive como dolor e incapacidad, como la cadera dislocada de Jacob (*Génesis* 32,26). Intelectualmente, la oscuridad y el absurdo de las cosas se enfrentan en acertijos, *kōans*[1] y dilemas, como la cuestión de la Esfinge, el rey pescador o la falta de respuestas por parte del maestro zen. Estoy convencido de que gran parte del Sermón del Monte de Jesús es de ese tipo, pero la Iglesia occidental tiene poca paciencia con su sabiduría paradójica, que es de la iluminada tercera etapa. Como miembro del clero, estoy convencido de que muchos pensadores y dirigentes de la iglesia todavía están en la conciencia compleja, aunque algunos neo-conservadores se estancan temerosos en la primera etapa y la llaman santidad.

Si estamos dispuestos a ser guiados, y nuestro ego puede soportar el sufrimiento, todos somos conducidos hacia "la salvación". El héroe no puede en realidad proponerse, elegir ni incluso decidirse de todo corazón por la iluminación. ¡No sabe lo que es todavía! ¡Todo lo que puede hacer es estar *preparado* para ella! Toda la vida es realmente asunto de alistarse, sintonizarse y despertar. Nota cuántas de las parábolas y enseñanzas de Jesús tratan acerca de estar listo y despierto. La sustituta más fácil, por supuesto, es la religión. Sustituye con respuestas y certezas demasiado fáciles sobre el pasado y el futuro *a la simple conciencia del presente*. Por extraño que parezca, la religión institucional común evita la verdadera iluminación. Se siente muy parecido a las primeras etapas de la muerte, y la mayoría de las personas no están bien preparadas para morir. La iniciación es *siempre* preparación para la muerte.[2]

La iluminación no es tanto el saber sino el no saber, no es tanto aprender sino desaprender. Se trata de una segunda y escogida ingenuidad, sin olvidar todas las contradicciones y la complejidad que existe entremedias. Es más entregar que concluir, más confiar que arreglar, una gracia que es toda gratuita y que solo se puede agradecer. No puedes convertirte en iluminado por medio de un programa conocido, rito o práctica moral. Esto lleva a los religiosos a la locura, pero como dijo Jesús, el Espíritu sopla donde quiere (ver *Juan* 3,8). Lo único que puedes hacer es continuar en el camino, escuchar sus lecciones, tanto en la agonía como en el éxtasis, y pedir ese don crucial y poco común: la verdadera apertura que Jesús llamó confianza o fe. Lo único que podemos hacer es mantener nuestro ego a un lado (generalmente simbolizado por la muerte del dragón de la mitología) y pedir poder reconocer la puerta secreta que Dios abre de una conciencia compleja. Esa puerta es generalmente cierta forma de sufrimiento –físico, relacional, emocional, intelectual, estructural– para casi toda la gente iluminada y salvada que he conocido.

La iniciación siempre ha enseñado a los jóvenes a morir antes de morir, para entonces comenzar a vivir. Esa es una verdad constante que Jesús enseñaba, el rito del bautismo inicial, los profetas judíos, Mahoma, los místicos, muchos de los pobres y los discapacitados, e incluso por los sobrevivientes de experiencias cercanas a la muerte. Todos parecen estar de acuerdo en una cosa que todos evitan –morirse. Al parecer, es la manera mejor y más clara de poner todo en orden y alineamiento. Como mi padre, San Francisco, dijo, "Si alguna vez te has enfrentado a la gran muerte, la segunda muerte no te puede causar ningún daño".

NOTAS

1. Una paradoja para meditar que se utiliza para enseñar a los monjes budistas zen a abandonar la dependencia total en la razón y de obligarlos a lograr la iluminación repentina intuitiva (como lo define en inglés el *Webster's Ninth New Collegiate Dictionary*, 1985).
2. Richard Rohr, *Adam's Return*, págs. 92ss. y *passim*.

SIETE

Separación—Encuentro—Regreso

¿A quién sirve el Grial?
—Pregunta crucial de Parsifal después de completar
la búsqueda del Grial

El camino hacia la sabiduría tiene patrones increíblemente uniformes en las mitologías universales. El héroe puede tener mil sendas para caminar, pero parece que hay patrones clásicos y constantes que acompañan su deambular. Barry López refleja mi propia creencia cuando dice que la verdad se encuentra mejor buscando un patrón discernible.[1] *No* es de extrañar que *el* misterio esencial de la fe para los cristianos no es la recitación de un credo sino un Cristo-revelado, pero también *patrón* discernible. Lo llamamos el *misterio pascual*. No es tanto lo que *crees*, sino algo que aprendes a hacer. La aclamación litúrgica y mítica es muy hermosa: *Cristo ha muerto, Cristo ha resucitado y Cristo vendrá de nuevo.* La vida será muerte, fracaso y absurdidad, que puede conducir a la renovación, la alegría y la belleza. Este patrón es *inevitable, universal y transformador.* Es casi la trama de toda buena novela que has leído. Jesús para los cristianos es el hacedor de mitos cósmicos y clásicos que revela y vive este patrón para nosotros y nos dice que podemos confiar en él. Por supuesto,

45

si tenemos ojos, el patrón está en todas partes, pero simplemente no queremos entregarnos a él. Necesitamos un modelo y guía.

Es bastante común hablar de dos nacimientos necesarios para llegar a la iluminación. El primero es natural y biológico; el segundo es por iniciación y tenemos que elegirlo. No es seguro que sucederá. Por eso los grandes maestros espirituales siempre hablan de la necesidad de conversión, de búsqueda y entrega. Antes de "nacer de nuevo", básicamente, no entendemos. Somos o inocentes o cínicos o estamos atrapados en imágenes pasajeras. El Oriente lo llama ceguera, ilusión o el deseo desenfocado; el Occidente cristiano tiende a llamar este estado en que nacemos, "pecado". El pecado es mucho más un estado de conciencia (¡o inconsciencia!) que acciones inmorales individuales. Jesús vino para quitar el "pecado" (singular) del mundo (ver *Juan* 1,30). Sin el camino espiritual, tenemos el extraño fenómeno de gente que supuestamente evita "pecados", pero aún se encuentra en ¡estado de pecado! No maldicen, beben o fornican, pero lo hacen con una conciencia no iluminada de temor, de auto-interés disfrazado, por convenciones sociales e incluso por el odio hacia los demás que hacen las mismas cosas. Echemos un vistazo a algunos de los patrones normales del camino espiritual clásico.

De una vida sin forma y no iniciada de alguna manera surge *un llamado*. Es probable que tome la forma de nostalgia, soledad, deseo, conocimiento de que debe haber *más*, la desintegración del juego que una vez te sostuvo. El héroe es de alguna manera dirigido más allá de su yo privado en búsqueda de un objetivo trascendente o mayor. Este llamado puede venir desde dentro o desde fuera, pero el aspirante a héroe es seducido por Otro Algo, por el Misterio, lo que algunos llaman lo Santo. Esta es la primera invitación a renacer. En esta coyuntura, nuestro sí puede tomar muchas formas, pero con el tiempo debe haber una clara confianza y un claro "sí". Muchos, por desgracia, dudan en esta etapa. No hay nadie que les pueda decir lo que este santo anhelo significa, de dónde viene y hacia dónde lo lleva –y que es Dios.

El camino continúa a menudo con una *figura protectora*. Invariablemente, hay un amigo, un "padrino", una biografía, un santo, una imagen mítica que ayuda, anima y da fuerza y dirección a los aspirantes a héroes. El camino nunca sucede solo. Siempre hay un sabio anciano, un ángel de la guarda, un santo patrón, un guía espiritual, un maestro sabio que de alguna manera nos envía en una dirección fundamental y nos advierte de los peligros y los obstáculos que se encontrarán en el transcurso del camino. De alguna manera ese guía te hace consciente, como Jack Palance en *Perdidos en el Oeste* [*City Slickers*] de la importancia de "una cosa". Cuando llegas a esa "cosa importante", como dijo Jesús a Marta, uno se mueve casi instantáneamente del espacio profano al sagrado.[2] Hay siempre que enfrentar muchos demonios y dragones, pero siempre hay un maestro o guía primordial, ya sea Jesús, Buda o Krishna. Sin esa figura protectora careceremos de valor y enfoque. Aunque el lado negativo tiene muchas caras y formas, el camino positivo suele presentarse como *claro, sencillo y hermoso* –aunque todavía misterioso. En realidad, necesitas enamorarte de tu modelo y guía. Por lo general no puedes tener "muchos dioses ante ti", porque tu ego seguirá siendo el dios que escoge y elige qué dios vas a obedecer hoy. Por esta razón los profetas bíblicos siempre querían conseguir que los judíos amaran "solamente a Yahvé" y a ningún otro dios. Al menos es buena psicología.

A continuación, *la experiencia umbral* sucede normalmente cuando el sistema personal de lógica, significado, éxito y verdad se desmorona. Como dijo Carl Jung, un verdadero encuentro con lo numinoso es siempre ¡una aniquilación del ego! Es cuando Perseo se enfrenta a la serpenteada cabeza de Medusa; es cuando Jesús se siente traicionado por Pedro, Judas, las multitudes y, finalmente, su propio Padre; es cuando el hombre moderno se enfrenta a su sombra directamente en el fracaso, el encarcelamiento o la acusación. Para que el hombre nazca, el niño tiene que morir. La dificultad de una cultura opulenta como la nuestra es que la "grandiosidad infantil" se puede mantener bien por muchos años con el dinero, la intromisión o alejándose. Sencillamente, no hay lugar para Dios en nosotros mientras estemos llenos de nuestros falsos yo.[3] Como dijo Jesús, "si el grano de trigo al caer en tierra no muere, queda él solo" (ver *Juan* 12,24). Esa frase, por cierto, es una frase clásica de iniciación utilizada en las religiones mistéricas de Asia Menor.

A medida que el capullo del falso yo ("pecado") se deja ir poco a poco, el verdadero yo comienza a revelarse. El verdadero yo sabe quién es, lo que debe hacer y, lo más emocionante, tiene la energía para hacerlo —no importa cuál sea el precio. Esta es *la tarea* en sí, el sentido de la vocación, el sentido de la meta, el propósito y el desafío que guía la vida de cada héroe. En pocas palabras, un héroe es aquel que da su vida por algo más grande que él. Va en búsqueda de algo y no es sólo para el paseo, pero ese algo debe ser mayor que su propia vida. Nos hemos vuelto *muy* cínicos acerca de la posibilidad de que haya verdaderos héroes. Preocuparse por *uno mismo* se ha vuelto tan aceptable que en gran medida sustituimos las personas célebres por los héroes. Ahora eres un 'héroe' si ganas un millón de dólares, y un tonto si lo regalas. Darle la vuelta al clásico camino del héroe en favor del interés propio nos pone en contra de casi toda la literatura, las leyendas y la tradición oral conocidas. Sin duda, nos pone en desacuerdo con Jesús, Buda, Abraham y los santos. Cuando un hombre no puede hacer algo grande en algún sentido real, su vida no tiene importancia universal ni significado trascendente. Está desconectado del "amor que mueve el sol y las otras estrellas", como dijo Dante. En ese sentido, su vida es un desastre, literalmente "desconectado de las estrellas".

Sin embargo, hay un paso más sutil pero crucial. Si lees historias espirituales con atención, verás que siempre hay *una tarea dentro de la tarea*, una lucha junto a otra lucha. No es suficiente matar al dragón, salvar a la doncella o incluso morir en la cruz. *La tarea del héroe real es la de mantener el amor, encontrar el humor, mantener la libertad, descubrir la alegría, ampliar la visión en ¡el proceso de matar dragones!* No hay lugar para la mezquindad ni la petulancia ni la autocompasión, o uno no es, por definición, un héroe. El santo agrio no es santo en absoluto. Nuestros verdaderos demonios son interiores, callados y encubiertos y, a menudo se muestran como el "demonio del mediodía", el cual es ese orgullo, negatividad o egoísmo que se revela en la mitad de la vida y estropea el fruto aparente de los primeros logros. Sin disciplinas espirituales y arrepentimiento regular, demasiados de nosotros ganamos muchas batallas, pero finalmente perdemos la guerra. ¡Qué gran tristeza ha sido en mi trabajo conocer obispos jubilados y amargados!; tristes, pero 'exitosos' sacerdotes; y enojados viudos ancianos que culpan al mundo por su soledad. No tenían, al parecer, un Sancho Panza que los acompañara, mientras luchaban contra los molinos de viento de la vida. Hicieron la tarea, pero no la verdadera tarea.

La fase final del "*monomito* del héroe", como Joseph Campbell lo llama,[4] son los problemas del *retorno*. El héroe normalmente recibe alguna clase de *regalo* o bonificación al final de su búsqueda. Don Quijote está siempre en búsqueda del "pan de trastrigo". Prometeo, recibe el fuego, Salomón recibe la sabiduría, Jasón recibe el vellocino de oro y Jesús entrega su Espíritu. A menudo, el héroe recibe el eterno femenino en la persona de una doncella o una reina o princesa. El santo matrimonio se completa cuando se hacen uno solo y viven felices para siempre. El reino está sano y fértil, porque lo masculino y lo femenino se han convertido en una nueva realidad. Pero lo importante es que el don es entregado *para los demás*. El grial no es para el poder, el prestigio ni la posesión privada. Siempre es para el bien de la comunidad, para el bien común. Me pregunto si nosotros entendemos esta etapa. Con demasiada frecuencia, nuestra preocupación parece ser el aumento de nuestra cuenta bancaria para la jubilación, la política de beneficio propio y el desarrollo de nuestra imagen personal. Ninguna civilización ha sobrevivido a menos que los ancianos consideren como su deber la transmisión de los dones de Espíritu a los jóvenes. ¿Es que somos egoístas, o es que nosotros mismos no hemos encontrado el don? Sospecho que es en gran parte lo segundo. No creo que la mayoría de la gente sea terriblemente egoísta. Simplemente no *saben*.

No hay solitarios entre los grandes héroes. No hay hombres hechos por sí mismos que limpian la ciudad [de malhechores] y avanzan hacia el atardecer. Siempre es obvio en las historias que al final, muchos personajes, asesores y circunstancias son los que los han formado –generalmente a pesar de ellos mismos. Lo que las mitologías paganas habrían visto como la suerte o el destino, las historias cristianas lo ven como la Gracia o la Providencia. Pero en ambos casos el héroe es formado y creado por el tiempo y sus luchas y, sobre todo, por sus enemigos. Nunca se crea por sí solo. Ha sido creado casi a pesar suyo. Tiene defectos trágicos, pero aprende a usarlos –o deja que Dios los use. En los párrafos finales de la historia, el héroe siempre *vuelve a casa*, de regreso a su comunidad. Se reúne nuevamente con la gente, ahora con su don transformador. Ulises debe regresar a Ítaca, los santos nos deben ayudar aquí en la tierra, Jesús dice que sus discípulos lo encontrarán no en la Jerusalén imperial, sino en los caminos humildes de Galilea, su pueblo natal. Por último, el héroe es un héroe, precisamente porque sabe cómo volver a casa.

La conciencia iluminada, cuando se ve desde el exterior, se ve sorprendentemente como la conciencia simple. La segunda ingenuidad puede ser confundida con la primera inocencia por los no iniciados. Los dichos de los hombres sabios y salvajes les parecen inofensivos e irrelevantes a los que están atrapados en el entremedio y su complejidad. La verdadera sabiduría se ve sorprendentemente como simpleza ingenua, tonta y peligrosa incluso que nunca lo diríamos en nuestras conversaciones. Un 95 por ciento del *status quo* cristiano ha considerado el Sermón del Monte como una tontería poética durante dos mil años. Y eso, en una palabra, es la razón por la que los verdaderos maestros espirituales como Jesús son siempre marginados, despedidos, asesinados, o lo peor de todo, adorados. Así podemos admirarlos desde una distancia segura, como un icono piadoso, pero inteligentemente ignorar su mensaje y su verdadero camino.

No hay otra alternativa, ni otra forma de entender, excepto hacer todo el camino nosotros mismos.

Notas

1. Barry Lopez, *Crossing Open Ground* (New York: Charles Scribner's Sons, 1988), p. 69.

2. Mircea Eliade, *The Sacred and the Profane: The Nature of Religion* (New York: Harcourt, 1957).

3. Richard Rohr, "True Self/False Self", una conferencia grabada profesionalmente en CD (Center for Action and Contemplation, Caja 12464, Albuquerque, NM 87195).

4. Joseph Campbell, *The Hero with a Thousand Faces* (Princeton: Bollingen, 1949), págs. 30ss. [Traducido al español como *El héroe de las mil caras,* por Luisa Josefina Hernández, publicado por Fondo de Cultura Económica, México, 1959.

OCHO

Juan el Bautista, el iniciador clásico

Él mismo abrirá el camino al Señor con el espíritu…, reconciliará a padres e hijos y llevará a los rebeldes a la sabiduría de los buenos.

—*Lucas* 1,17

No hay manera de que veamos a Juan Bautista como un santo de yeso o 'bonito'. Él inauguró una nueva expectativa dentro de su propia tradición, un iconoclasta peligroso en su tiempo. Juan vio *la religión como una transformación del yo y de la sociedad, en lugar de la religión como un simple 'sistema de pertenecer'.* Por eso exactamente era odiado por el sistema al que pertenecía. Su pensamiento no era popular entonces, ni lo es ahora. Terminó siendo decapitado. Simbólicamente, podríamos decir que sus 'pensamientos' necesitaban ser descartados, destruidos y detenidos. En realidad, es bastante sorprendente que incluso se ganó un lugar en el panteón de los santos cristianos, ya que cumple con muy pocos de los requisitos ortodoxos, pero, afortunadamente, las Escrituras no dejan otra opción –"ningún hombre nacido de mujer es mayor que Juan Bautista!" (ver *Mateo* 11,11; *Lucas* 7,28).

Los cuatro relatos de los Evangelios dan a Juan Bautista mucha publicidad, a pesar de que su protagonismo es corto, su mensaje parece ser diferente al de Jesús, y en ciertas cosas no es una figura tan atractiva. Estoy convencido de que los textos realmente nos están diciendo que él ofrecía "un nuevo sistema transformador" que estaba fuera del sistema sacerdotal y el del templo. Presentaba un nuevo mensaje de 'iniciación' y un rito que claramente era una crítica de lo anterior, hasta el punto de que "los fariseos y los maestros de la Ley" no lo aceptaron (*Lucas* 7,30). Ni tampoco nosotros, si somos sinceros.

Sin embargo, *Jesús sí lo aceptó, pública y personalmente.* Esto pone a Jesús desde el principio en una posición de 'forastero' (del sistema establecido), un punto que a menudo se ha pasado por alto. La aceptación de Jesús de una iniciación junto al río de manos de Juan lo marcó como un crítico de la religión del templo. Ese es el claro papel de Juan en el texto del Evangelio, y en ninguna forma se debe de interpretar con sentimentalismo. Juan fue totalmente fiel a la Torá, a los Profetas y a la Sabiduría, y eso lo llevó a criticar la forma en que realmente se estaba viviendo. Su tradicionalismo radical lo hizo popular entre la multitud, pero impopular entre las autoridades religiosas. El sentido intuitivo de la gente común (*sensus fidelium*) sabía honrar a un verdadero profeta, mientras que los que estaban dentro y que tenían mucho que proteger lo consideraron una amenaza. Comúnmente, el 'forastero' tiene tanta ventaja en las Escrituras que uno del establecimiento casi ¡podría preferir ser un forastero! Es una tensión muy creativa "un camino angosto que pocos siguen".

Pero, aún más proféticamente, Juan se desprendió de su popularidad y posición de liderazgo y señaló más allá de sí mismo a uno que no sólo practicaría las palabras y el rito del agua, sino que bautizaría en "Espíritu y fuego" (*Mateo* 3,11), en otras palabras, haría "lo real" y no sólo el rito. La gloria de Juan consiste en que hace varias transiciones importantes que muy pocos hacen. Estableció el patrón del (1) *Tradicionalismo radical*, que lo llevó a una (2) *crítica radical del sistema actual*, que a su vez lo llevó a (3) *la muerte de su pequeño yo*. Ahí está todo. Jesús haría exactamente lo mismo, y de manera muy real ¡fue su primo quien le mostró cómo hacerlo! Juan "rellenaría las quebradas y rebajaría los cerros" y construiría una "senda nueva a Dios" (*Lucas* 3,05, citando a *Isaías* 40,3-5). Juan Bautista es un icono preliminar de la completa y necesaria Pascua que ahora se llama "cristiana", sin embargo, fue un judío tradicional y un profeta bíblico clásico. Él es realmente el "precursor", no tanto en su mensaje cuanto *en su proceso y patrón*. Su mensaje es en gran medida ambiguo, y no realmente lo principal. Su patrón de vida es su mensaje, como lo fue también para Ezequiel, Jeremías, Jonás, Daniel, Amós y Oseas.

Vemos a "sacerdotes y levitas" curiosos, inquietos y tal vez incluso maliciosos, que bajaron de Jerusalén a observar sus ritos religiosos privados y no ortodoxos, en el río (*Juan* 1,19-28). Le hicieron un largo interrogatorio. Sabemos que Juan el Bautista atraía a grandes multitudes y, aparentemente, lo suficiente como para constituir una amenaza al sistema religioso y al poder político de Herodes, quien estaba tratando de mantener todo el control en la familia al casarse con la mujer de su hermano. La *endogamia* o dinastía de la familia, no el adulterio, es la cuestión principal aquí. ¿Por qué nadie nunca nos dijo eso? Es probable que nuestra propia preocupación por el pecado sexual, nos hiciera interpretar el texto así. La endogamia era la manera clásica de no compartir el poder con ninguna otra familia o persona. Era un tirano consolidando su control, y explica la ferocidad del desenmascaramiento que hizo Juan. Lo que Juan está denunciando es mucho más las maniobras de poder en el templo y la corte real, que un pecado sexual. El uso correcto del poder es el verdadero tema en la vida de Juan. ¿Usará Juan su poder y popularidad para sí o para los demás? Él pasa la prueba y se muestra como un hombre de Dios y un hombre-para-la-verdad, y es por eso que Jesús puede decir: "entre los hijos de mujer no se ha manifestado uno más grande que Juan Bautista" (*Lucas* 7,28). Las habilidades verbales y relacionales de Juan puede que no hayan sido las mejores. No lo llamaríamos un hombre de tacto. Veía las cosas en blanco y negro, tenía quizás una visión de túnel, y era incluso un poco moralista y enojadizo que es probablemente la razón por la que otra línea de la Biblia dice: "el más pequeño en el Reino de Dios es más que él" (*Lucas* 7, 29). Juan es el profeta de la "espiritualidad de la primera mitad de la vida",[1] pero no representa "la iluminación" de la segunda mitad de la vida. De buena gana y con gratitud deja el escenario. No posee el mensaje completo o final –*pero su gloria y genio ¡es que él lo sabía!* Se lo entregó a quien lo tenía.

Observa el puente que ha construido: Juan, el hijo de una familia sacerdotal por ambos lados de la familia (*Lucas* 1,5) se convierte en la máxima vergüenza del padre en su trabajo, al crear su propio rito "basado en la naturaleza" y ¡"para el perdón" de los pecados! Es muy evidente cómo los pecados son perdonados por medio de la casa de corretaje de los diezmos del templo, los sacrificios de animales y las leyes de pureza administrados todos por los sacerdotes, los escribas y los levitas. Ninguna otra persona en el Nuevo Testamento lleva la ropa ni tiene los hábitos de alimentación descritos, excepto Juan el Bautista. ¿Por qué? Debido a que es claramente una figura contracultural con ropa poco convencional y una dieta no-kosher (no prescrita por la ley). Es el hijo de un sacerdote que no se viste como un sacerdote. Representa esa tensión necesaria y buena que nos encontramos entre la estructura y la anti-estructura, entre el culto del templo y el desencanto con los ritos. Su importancia es que las mantiene unidas, y es por eso que es un símbolo y un constructor de puentes. *Su importancia radica en su método y mediación entre la religión tradicional y su constante necesidad de una reforma radical. De alguna manera hace ambas cosas, y como siempre, lo que consigue es la muerte.* Debes siempre recordar que cuando construyes un puente, te pisotearán por los dos lados (*Efesios* 2,14-16), y cuando creas una base común, serás "odiado por todos" (*Mateo* 10,22). Todo el mundo te quiere de su lado para reafirmarse a sí mismo y para fortalecer su propio juego.

El hecho de que el mismo Jesús (ver *Juan* 3,22) participó en el rito de iniciación contracultural de Juan que finalmente se convirtió en normativo para toda la tradición cristiana, es en sí mismo un patrón que no debe perderse. La creación por parte de Juan de un nuevo rito de iniciación para judíos adultos es un juicio de que el viejo sistema, por alguna razón, no estaba funcionando. Tal vez no es sorprendente que sea la misma razón por la que estamos hablando hoy de ritos de iniciación nuevos. Al cooperar Jesús con el rito de Juan significaba que Jesús estaba haciendo la misma sentencia y compartía la misma crítica al sistema del templo. *En cierto modo, la muerte de Jesús era inevitable también, una vez que aceptó el bautismo de Juan.* Su reacción de asombro y distanciamiento cuando se enteró de la muerte de Juan parece indicar que reconoce esto (*Mateo* 14,13).

En el Nuevo Testamento siempre hay una conexión intrínseca entre el bautismo, la unción y la muerte. Si públicamente criticas el sistema, si refundas tu vida en base a tu ascendencia divina –aceptas otra "ciudadanía" por así decirlo– y el sistema te *matará* de una manera u otra. Ciertamente no tendrás un lugar en la ciudadanía acostumbrada (*Filipenses* 3,20), y serás consignado al desierto, el lugar de los inconformistas y los "no-normales". De la única manera que pudimos arriesgarnos a llamar a Juan un santo de iglesia es callando todo esto un poco, domesticando a este hombre salvaje y convirtiéndolo en la hermosa estatua que vemos en nuestras iglesias. De este modo, ni amenaza ni invita a nadie.

También está la interesante 'imposición' a Zacarías del nombre de Juan por un ángel (*Lucas* 1,13). La maldición de su mudez (1,20-22) solo se libera después de que él acepta este nombre diferente, Juan. Es claramente un mensaje que indica al padre que 'se calle' y deje que el niño encuentre su propia identidad apartado de él. Esto "asombra" a la familia. Pero también podría ser visto no como una libertad dada por Dios para que el niño ¡*no* tuviera que ser igual que su padre! Lucas gasta tanta tinta en este incidente aparentemente sin importancia que uno sabe que algo más importante ocurre aquí (1,5-25.57-80). El niño está siendo liberado para que haga lo que tiene que hacer, y hacerlo fuera de la expectativa patriarcal y sacerdotal. Dios tiene que apoyarlo para que pueda hacer eso y lo separa del control natural de su padre.

Tal vez se podría decir que su salto en el vientre es un signo de su iniciación antes del hecho –su propia "casi inmaculada concepción" (1,44), por así decirlo. Esto fácilmente podría ser visto como un símbolo para la identidad divina prenatal, como algo dado y no ganado o tampoco elegido. No depende del rendimiento ni del heroísmo.[2] El mismo nombre de Juan significa "Dios es gracia / libre" (1,13), y pronto este Juan sale del sistema del templo de su padre y proclama

que el perdón de Dios es disponible –tan abundante y gratuito–
¡como el agua del río! (*Lucas* 3,4). Esto debe haber causado a los
comerciantes de poder religioso rasgar sus vestiduras, mientras que
también hizo a Juan muy popular entre las masas avergonzadas y
sufridas. A la Iglesia todavía no le gusta la confesión general ni comu-
nitaria, excepto como una concesión ocasional a regañadientes.

Este es un hombre peligroso para cualquier sistema religioso y
un poder peligroso para cualquier sistema político. No es de extrañar que mataran a Juan. Su cabeza se presenta en un plato, como si
fuera "alimento" para el mecanismo en gran parte inconsciente del
chivo expiatorio.[3] Es en ese momento cuando Jesús se "retira a un
lugar desierto" y pronto re-compromete con toda su fuerza, creando
una "comunidad de trabajadores que reciben comida y que dan de
comer" (*Mateo* 14,13ss.). Eso es tanto el poder del mártir para vigo-
rizar la visión como el poder de lo que ahora llamamos "el ministerio
de sufrir"[4] en Jesús mismo.

Por último, siempre es un poco desconcertante para los cristianos
ver a Jesús asumiendo un papel subordinado en relación con Juan,
sometiéndose a sus ritos y a su liderazgo. ¿Qué podría significar esto
si Jesús es, de hecho, el supremo líder? Si uno ve a Juan simplemente
como el heraldo de Jesús, no tiene mucho sentido. Pero si Juan es
en realidad el iniciador de Jesús, y Jesús nos está dando el ejemplo
de la actitud correcta de la *mentalidad de un principiante,* entonces tiene perfecto sentido. Los relatos de los Evangelios vinculan el
rito del agua como la ceremonia inmediatamente antes del envío en
"búsqueda de la visión" en el desierto, y Jesús nos da el ejemplo de
la postura correcta ante su guía. El que va a ser iniciado debe ser
humilde, dócil, un novicio dispuesto a ser guiado y enseñado, un

principiante dispuesto. Como el mismo Jesús dice a Juan: "Deja que hagamos así por ahora. De este modo cumpliremos todo como debe hacerse" (*Mateo* 3,15).

Por tanto, Jesús puede iniciarnos porque él mismo ha sido iniciado. Ese es el modelo correcto y único para los verdaderos maestros. Además, se ajusta a la pauta de un familiar masculino mayor que sea el iniciador. Nunca fue el padre biológico, ya que esa relación era demasiado compleja y había que mantenerla como una relación de crianza.[5] Lo genial y la precocidad de Juan Bautista es que, igual que Jesús, parece haberse "auto-iniciado" cuando era adulto, ya que también fue "circuncidado al octavo día" (*Lucas* 1,59) y no durante su adolescencia. Una vez dirigí un retiro en Ain Karim, y me llevaron a la cueva de Juan Bautista. La tradición local dice que Juan se trasladó allí cuando solo tenía catorce años, así como Jesús abandonó a sus padres a los doce. Estos muchachos maduraron muy jóvenes.

Pero lo más revelador de la recién descubierta cueva donde Juan bautizaba,[6] es que hay exactamente 28 escalones hasta la 'piscina de la inmersión', exactamente igual que las 28 piedras calientes que se traen a la carpa de sudación de los nativo americanos. Estas personas llamadas primitivas entendieron el simbolismo del 28, símbolo de la muerte cíclica y lo utilizaron para la iniciación. Toda mujer lo vive cada mes, pero los hombres tienen que ser enseñados, y parece que el bautismo original de Juan era de hecho una iniciación a ese preciso significado, el ciclo necesario de la muerte y el renacimiento.

NOTAS

1. Richard Rohr y Paula D'Arcy, *A Spirituality for the Two Halves of Life*, conferencia grabada, (Cincinnati: St. Anthony Messenger Press, 2004).

2. Claudio Naranjo, *The Divine Child and the Hero: Inner Meaning in Children's Literature* (Canada: Gateways Books and Tapes, 1999). Aunque por lo general se trata de dos ramas muy diferentes en la literatura infantil, Juan Bautista es presentado, paradójicamente, como niño divino y héroe, al igual que Jesús.

3. Robert G. Hamerton-Kelly, *The Gospel and the Sacred: Poetics of Violence in Mark* (Minneapolis, Minn.: Fortress, 1994), pp. 97ff.

4. Robert Miller, *Grief Quest* (St. Meinrad, Ind.: Abbey Press, 1996), excelente, breve y al grano; Maggie Ross, *The Fountain and the Furnace: The Way of Tears and Fire* (New York: Paulist, 1987), uno de mis libros espirituales favoritos sobre la importancia de las "lágrimas"; y Thomas R. Golden, *Swallowed by a Snake: The Gift of the Masculine Side of Healing* (Gaithersburg, Md.: Golden, 2000), es bastante convincente en que los hombres sufren y viven el duelo de manera diferente a las mujeres.

5. Victor Turner, *The Ritual Process: Structure and Anti-Structure* (Lewis Henry Morgan Lectures) (Ithaca, N.Y.: Cornell University, 1969), p. 119.

6. Shimon Gibson, *The Cave of Juan the Baptist: The Stunning Archaeological Discovery that has Redefined Christian History* [La cueva de Juan Bautista: el impresionante descubrimiento arqueológico que ha redefinido la historia cristiana] (New York: Random House, 2004).

NUEVE

San Pablo, maestro de maestros

Ofrézcanse a Dios, como lo que son: muertos que han

regresado a la vida.

—*Romanos* 6,13

Pablo era un maestro e iniciador consumado, una de las razones por las cuales hemos tendido a *no* entenderlo. Preferimos los mandatos morales directos y la claridad dogmática que a menudo solo necesitamos en la primera mitad de la vida. No queremos los caminos aterradores, la ambigüedad moral, la "sabiduría de proceso" [nota de trad: concepto de Peter Vaill que implica cualidades como el desarrollo de liderazgo, aprendizaje continuo y una cultura organizativa] o las frecuentemente mal interpretadas verdades esenciales que generalmente Pablo nos da: "Los que viven preocupados por el cumplimiento de la ley caen bajo una maldición" (*Gálatas* 3,10). "Todo está permitido" (*1 Corintios* 10,23). "Todo lo que se hace en contra de la conciencia es pecado" (*Romanos* 14,23). O su ambiguo 'Privilegio Paulino' sobre el matrimonio y el divorcio (*1 Corintios* 7,15). ¿Cómo se crea una religión organizada cuando se le tiran al templo granadas de mano como estas?

Pablo sabe qué es lo "único necesario", lo que ahora llamamos el misterio pascual, y está dispuesto a llegar allí por vías indirectas, mientras encesta algunos golpes esenciales a la mente imperial y a la voluntad arrogante. Es un Maestro de maestros, y hoy día no entendemos a ese tipo de maestros.[1] Tienen demasiada autoridad interior porque *saben claramente cuál es la meta y lo no esencial no los distrae*. Como el Papa Juan XXIII lo expresó: "En lo esencial, unidad; en lo no-esencial, diversidad; en todas las cosas, caridad". Sinceramente creo que las cartas de Pablo no pasarían hoy ni las pruebas preliminares de la ortodoxia según el Santo Oficio de la Curia Romana, ni de la Convención Bautista del Sur. Sin embargo, gracias a Dios, sus cartas son consideradas Escritura inspirada.

Pablo de hecho utiliza la palabra griega *memuesmai* ("he sido iniciado") una sola vez y de una manera que parece revelar el patrón clásico: "He pasado por mi iniciación y estoy listo para cualquier cosa. Sé pasar necesidades y vivir en la abundancia... Estoy acostumbrado a estar satisfecho y a pasar hambre, a que me sobre y a que me falte. Todo lo puedo en Cristo que me da la fuerza" (*Filipenses* 4,12-13). Nota la diferencia entre el 'antes y el después'. Muchas veces fue llevado al borde de sus propios recursos, y gradualmente aprendió a nutrir su vida de la Fuente Mayor, hasta que puede decir su frase maravillosa: "ya no vivo yo" (*Gálatas* 2,20). Lo describe en muchas de sus cartas. Esa es la clave de toda iniciación.

Curiosamente, Pablo habla de sí mismo como "un administrador de los misterios... a quienes se les exige que sean fieles... Dios nos ha destinado al último lugar como condenados a muerte" (*1 Corintios* 4,1-2.9). Uno sospecha, basado en pasajes como éste, que estaba muy familiarizado con los ritos de iniciación de las religiones mistéricas.

Estas religiones estaban difundidas por todo el mundo que él trataba de evangelizar. Tenía que estar familiarizado con ellas o no habría sabido cómo hablar con sus contemporáneos en el mundo helenizado. Su genio e inspiración son que reconoce a Jesús como el nuevo héroe que nos guía *correctamente* a través del proceso necesario de iniciación. En su camino de muerte-resurrección, "el que subió, bajó al mundo inferior, y dio sus dones a los hombres" (*Efesios* 4,8-9). En ese pasaje tenemos un sucinto resumen del "monomito del héroe" de Joseph Campbell al que nos referimos anteriormente, y hasta incluye el viaje de regreso con un "regalo" para la humanidad.

Para ser un héroe creíble en el mundo clásico y pagano, *había que saber morir bien*, y era la tarea de Pablo presentar a Jesús como el héroe máximo. Jesús, por supuesto, "muere" de una manera que choca y sorprende a todos, incluso hasta el día de hoy; y esto me hace pensar que aún estamos siendo formados por el mundo pagano clásico, ya que no vemos la singularidad de Jesús: a diferencia de casi todos los patrones establecidos, él no se convierte en la víctima egoísta ("hacerse víctima" para su propio engrandecimiento) ni exige que nadie se convierta en víctima (que es casi la única trama de la historia). *Al contrario, se convierte en la víctima que perdona y que da fruto para hacernos conscientes de lo que les estamos haciendo al bien, a la bondad, a Dios y a nosotros mismos. Él sostiene, carga, purifica y transforma el mal en lugar de transmitirlo, como hacemos la mayoría de nosotros.* Jesús sabe morir *muy bien* y "quita el pecado del mundo" absorbiéndolo él mismo y no presenta ninguna necesidad de castigar a nadie. Transforma el dolor en lugar de transmitirlo, y esta acción es por lo general malentendida hasta en nuestros días. Preferimos la moralidad del "ojo por ojo", continuando el problema, en lugar de removerlo. Se adapta a nuestra pequeña idea de la justicia, pero a Pablo se le ocurre una idea totalmente nueva de la "justificación" basada exclusivamente en este modelo de Jesús de la existencia bondadosa y de gracia.

Jesús vive y enseña amor redentor en vez de la mentira común de "violencia redentora". Esto cambia todo.[2] Posee el misterio en sí mismo, "paga el precio" él mismo, en lugar de hacer que otros lo paguen: "estaba expuesto a la muerte, para que la vida se manifieste... Si un hombre ha muerto por todos, todos los hombres han muerto... Esta es la nueva creación" (*2 Corintios* 4,11; 5,14.17). Los animo a leer cualquiera de las cartas de Pablo y ver ahora si este subtexto no está escrito entre-líneas en casi todas sus cartas. Es el supuesto que lo hace sentirse extático acerca de Jesús, a pesar de que es un judío respetuoso de la Ley. Para Pablo, Jesús legitimiza y hace uso de los "clamores" de toda la creación "que gime con dolores de parto" (*Romanos* 8,22). Para Pablo, Jesús se ha convertido en el punto de inflexión de la historia, porque ahora todo puede ser transformado, y muy especialmente el dolor. Antes de Jesús, era cuestión de ganar y merecer y ser efectivo, y Pablo sabía que eso nos comería a todos en vivo tal como ha resultado.

Por último, el recuento de Pablo de la comida eucarística, que es el más antiguo texto de la misma que tenemos, tiene matices de beber de la sangre del Iniciado y de este modo entrar en solidaridad con su vía corporal. Este rito se encuentra en los ritos del mitraísmo [nota de trad.: religión persa] de su tiempo y ritos de iniciación africanos que perduran hoy día: "Siempre que coman de este pan y beban de este cáliz, anuncian la muerte del Señor" (*1 Corintios* 11,26). Introduce así la idea de la "comida memorial" que es una "cura homeopática" de este misterio de la muerte. *No luches contra ella ni la niegues, ni la intelectualices, más bien ¡ "mastícala"!* [nota trad.: en inglés *chew on it*, juego de palabras que además de masticar también significa pensarlo, meditarlo.] *Intoxícate con la sangre / vino de la muerte del héroe hasta que sus muertes se conviertan en una muerte, y por lo tanto significativa.*

Esto se ha convertido en la teología eucarística estándar, y creo que fue la intención de Jesús, pero se ha adornado, estilizado y producido en serie, que el hombre promedio nunca aprecia el trasfondo gráfico, corporal, sexual e incluso canibalesco, que se canta y celebra. Este es un ritual revolucionario, especialmente para hombres judíos que no podían beber sangre bajo ninguna circunstancia (*Levítico* 17,14). ¿Por qué nadie nos señaló esto?

La teología de Pablo sobre el Cuerpo de Cristo como una comunidad y el Cuerpo de Cristo como el rito eucarístico están intrínsecamente ligadas, como podemos ver muy claramente en *1 Corintios* 11,17-24.³ La Iglesia crea el pan y el pan crea la Iglesia, como una sociedad maravillosa de admiración mutua. *¡Se reconocen mutuamente y honran a Dios una en la otra!* Esta es una buena teología y un rito muy efectivo. Veo a Jesús absolutamente inflexible acerca de todo esto, y es sorprendente que cualquier creyente desee diluirlo: "Mi carne es verdadera comida y mi sangre es verdadera bebida. El que come mi carne y bebe mi sangre vive en mí y yo en él" (*Juan* 6,55-56). O mira esta: "Juzguen y examínense ustedes mismos a ver si viven según la fe. Y si no reconocen que Cristo vive en ustedes, será porque ¡ya están descalificados!" (*2 Corintios* 13,5-6). El criterio de la verdadera fe es muy simple para Pablo —morar mutuamente— y ya ahora en la carne, —no solo después. En esto soy muy católico y muy ortodoxo, porque es allí donde reside todo el poder para la transformación, ¡en sostener la encarnación en todas las dimensiones!

También debo señalar, sin embargo, que Pablo estaba muy interesado en distinguir su fe de los ritos de las religiones mistéricas locales, francamente, porque hay algunas semejanzas. Vemos esto en *1 Corintios* 10,14-22, donde deja claro que nuestra "participación" o comunión es con "la sangre de Cristo" y no con los ídolos paganos, como él lo expresa. O cuando se apresura a distinguir su bautismo para la resurrección de los extraños ritos de ser "bautizados por los que han muerto" (*1 Corintios* 15,29-34). Él trabaja, en gran parte, en un mundo helenizado y de iniciación donde fácilmente podrían confundirse. Es un mundo que se define por sus ritos, y muchas veces ritos de sangre, comidas y purificación. Estas cosas son arquetípicas y universales, y sin duda, es la razón por qué las puede utilizar con tanta facilidad entre los gentiles. Es también la razón que nos permite a nosotros entenderlas.

La gran diferencia de Pablo es que sus ritos son los pagarés del patrón de la resurrección y no sólo memoriales de algo pasado, como en lo que la misa se había convertido cuando yo era joven. Recuerdo que en Kansas, donde me crié, en la década de 1950, la mayoría de las misas diarias eran las misas de difuntos con ornamentos negros. En efecto, la Iglesia se había convertido en una sociedad funérea para salvar a los muertos en vez de liberar a los vivos. Pero los iniciados por Pablo eran iniciados en la solidaridad con Jesús, quien había vuelto *de la* muerte. La muerte es ahora proclamada como algo que se ha vencido y rebasado. Se trata y expone como la mentira que es: "Muerte, ¿dónde está tu victoria? Muerte, ¿dónde está tu aguijón?" (15,56). *La muerte, para Pablo, no es ni destino ni miedo, sino un pasadizo y una puerta de entrada.* Es la forma de morir antes de morir, tal como lo hizo en el camino a Damasco y muchas veces después. Así que está constantemente desafiando a la muerte, alardeando sobre su superación, y parece no tenerle miedo. Ya está gozando y deleitándose en la resurrección, porque ya está viva en él. Me encanta Pablo, porque, en mi opinión, es el primer místico cristiano en dejarnos sus escritos.

"Escuchen, voy a confiarles un misterio: ¡no todos moriremos! Pero todos seremos transformados. En un abrir y cerrar de ojos" (*1 Corintios* 15,51). Pablo habla con una certeza extraña, porque es como un suceso pasado para él, y no solo uno en el futuro. Ha muerto más de una vez, como él mismo se jacta (*2 Corintios* 11), y ahora vive una nueva vida –no la suya. Ese es el núcleo, la clave y la consumación de toda iniciación. Si muchas personas no aprecian o quieren a Pablo, tal vez a veces es porque ellos mismos no están del otro lado de la muerte.

NOTAS

1. Rohr, *Adam's Return*, p. 53s.
2. Rene Girard, *The Girard Reader*, James Williams, ed. (New York: Crossroad, 1996).
3. Gunther Bornkamm, *Paul* (San Francisco: Harper & Row, 1971), págs. 188ss., y Samuel Sandmel, *The Genius of Paul: A Study in History* (Minneapolis, Minn.: Fortress, 1979), págs. 22s., y mi propio empeño para describir a Pablo y enseñar sobre él, "*The Great Themes of Paul*", 10 cassettes o CD (Cincinnati: St. Anthony Messenger Press, 2002).

El hombre hacedor de dinero

¿De dónde le viene a éste esa sabiduría? ¿No es éste
el hijo del carpintero?

—Mateo 13,54

Hasta el siglo pasado, la mayoría de los hombres que ha vivido pasó la mayor parte de su tiempo haciendo y produciendo cosas. La mayoría de los hombres eran agricultores que plantaban, cultivaban y cosechaban los frutos de su trabajo de manera muy tangible y real. Muchos hombres también eran artesanos y constructores. Creaban cosas que tenían forma y significado y hacían su mundo habitable, y lo embellecían, y enriquecían a la comunidad de la que formaban parte. Los hombres trabajaban con las manos, la cabeza y el corazón para producir los bienes tangibles de la cultura humana, y podían ver en los productos de su trabajo el bien que hacían para sí mismos y para los demás.

En nuestra sociedad altamente tecnológica, cada vez más hombres ya no participan en la empresa tradicionalmente masculina de hacer cosas. En su lugar, se dedican a "hacer" dinero [nota de trad., se usa "hacer" para quedar más cerca del significado de crear al que se refiere el inglés, aunque lo común es decir 'ganar' dinero), que es finalmente una construcción mental. Se mueven de un empleo a otro, incluso de una carrera a otra, todo por el interés de ganar más dinero. Tienen poca o ninguna inversión en los bienes que están haciendo o los servicios que ofrecen. Hacer dinero no es solo la línea del saldo sino el libro de contabilidad entero. Es también un producto ficticio. Es mucho más un símbolo, una pantalla de proyección, un símbolo de estatus, una palanca de poder, que algo en sí mismo.

Este es un cambio drástico en la orientación de los hombres vis-á-vis el mundo en que *viven*. Una encuesta reciente entre niños de octavo grado de primaria reveló que el 90 por ciento de ellos ve como su principal objetivo en la vida "hacer mucho dinero". No el enamorarse y tener una familia, no el inventar o descubrir algo nuevo, no el explorar los secretos de la naturaleza, ni el hacer del mundo un lugar mejor, ni el convertirse en santos, sino simplemente el hacer dinero, que en realidad no es un verdadero "producto". Y finalmente no puede satisfacer el alma.

En revistas y periódicos leo a menudo historias de hombres que crean pequeñas fortunas con solo hacer llamadas telefónicas o transacciones por computadoras. Juegan en las bolsas de valores o de los futuros de materias primas o en el comercio de bienes raíces, y en cuestión de segundos, en teoría, se hacen ricos, cuando en realidad no han creado nada para el mundo, nada que vaya a durar, nada que en realidad sea sustancial, y tal vez incluso sea totalmente para sí mismos. Estos hombres viven vidas en gran medida fuera del ámbito de las verdaderas relaciones humanas, del ciclo natural del tiempo y la paciencia, y sin tener que abandonar su zona de confort. Es una receta para el no aprender. No es de extrañar que haya tantos hombres emocionalmente atrofiados. En lo pornográfico, en realidad estamos preocupados por el porcentaje de jóvenes que no tiene necesidad o deseo de una relación real con una persona real, debido a que sus necesidades sexuales se cumplen plenamente en los sitios de chateo en Internet y los sitios porno. Casi no tienen habilidades relacionales o sociales reales. Esto da miedo.

Es especialmente alarmante en el área de la espiritualidad. En un sentido muy cierto, el hombre que se dedica a hacer dinero no está produciendo nada en absoluto. El dinero es una ficción creada para facilitar el intercambio de bienes y servicios. Es un algo que realmente es nada –literalmente no es una cosa– únicamente poder. Desde la perspectiva de la espiritualidad, es una ilusión, de hecho muy peligrosa. El dinero es un juego de números que se utiliza para reforzar la imagen de sí mismo y perpetuar la falsa impresión de poder. Lo mismo ocurre con el sexo por teléfono o Internet.

Como ya hemos visto, la energía masculina está, naturalmente, dirigida hacia afuera. Por incontables miles de años la energía masculina se ha dirigido hacia el mundo exterior, hacia la fabricación y la producción de cosas, hacia la creación, el mantenimiento y mejoramiento de la vida. En términos de la sexualidad se podría llamar energía fálica porque uno de los impulsos básicos masculinos es hacia el coito y la procreación de más vida. El gran psicólogo Sigmund Freud pensaba que la civilización misma era el producto de la energía fálica que había sido sublimada y dirigida hacia otras cosas fuera del sexo. Estemos o no de acuerdo con Freud, podemos ver que la energía sexual masculina y la energía productiva están dirigidas hacia afuera. Mi punto de vista es que el simple "hacer dinero" no va directamente hacia afuera, aunque lo parezca. Va dirigido, ante todo, al interior, hacia la auto-imagen, la seguridad y el poder personales y la satisfacción privada.

En la cultura occidental de hoy la energía de los hombres está escasamente dirigida hacia la creación de vida para los demás y la producción de cosas reales, o de cosas de las que puedan enorgullecerse. Probablemente para muchos de nosotros, el principal ejemplo de ello es simplemente la calidad de la mano de obra, el trabajo de mala calidad en muchos de nuestros productos y servicios, la falta de ética del trabajo de muchos estadounidenses, quienes parecen querer ser pagados por no hacer nada. Muchas veces he estado de acuerdo con el Papa Juan XXIII, quien supuestamente comentó cuando le preguntaron cuántas personas trabajaban en el Vaticano: "casi la mitad de ellas". Mi propio padre no faltó un solo día de trabajo en el Atchison, Topeka y Santa Fe durante treinta y cinco años (¡de verdad!). Ahora, muchos empleados piden los días por enfermedad, días de vacaciones, días personales, tiempo de compensación, tiempo para retiros (talleres) y vacaciones después de dos semanas en el trabajo. Tal vez aún más triste son los que están dispuestos a dar toda su vida a la producción de artículos sin ningún beneficio social, o incluso destructivos, como las máquinas tragamonedas, los bienes de lujo de mal gusto o las armas nucleares. ¿Es eso lo que un hombre quiere hacer con su única oportunidad de vida? El dinero no es solo un asunto para pagar las cuentas, sino que también debe estar ligado a hacer de alguna contribución a la vida, a los demás y la historia.

El dinero es un símbolo vacío, precisamente porque es sinónimo de cualquier cosa y de todo, además del papel o el metal del que está hecho. Me representa a mí y a mi importancia. El dinero no tiene significado inherente, por lo que puede tener cualquier significado falso que le queramos atribuir. Además de esto, el papel y el metal en sí mismos carecen prácticamente de valor. Es por eso, entonces, que orientar la vida en dirección a hacer dinero es tan peligroso. Es un compromiso de por vida de hacer lo que es de por sí carente de sentido y de valor; sin embargo, en él proyectamos todo tipo de valor e importancia.

Hasta la Edad Media, en Europa, las monedas nunca fueron un artículo común de valor, y la mayoría de la gente simplemente intercambiaba bienes y servicios. En el Renacimiento, después de la invención de la imprenta, el papel moneda hizo su aparición. Se cuenta una anécdota interesante de cómo, cuando unos frailes mostraron orgullosos a San Francisco de Asís un poco de dinero que habían donado a la orden, lo tomó en la boca, se negó a tocarlo, fue a la letrina y lo escupió allí. Francisco vio que era algo sin valor, pero más que eso, quiso disipar la falsa impresión de que al colectarlo, los frailes habían hecho algo que era para enorgullecerse. Incluso hoy día, los monjes en los monasterios budistas tienen prohibido recibir regalos de dinero en cualquier forma. Solo aceptan las contribuciones en forma de cosas tangibles: comida, telas, cerámica, madera, etc. Por extraño que parezca, parece que algunos budistas practican la lección espiritual que Francisco quería enseñar, pero nosotros los franciscanos ya no lo hacemos.

Por favor, no me malinterpreten. No estoy abogando a favor de que todos los franciscanos, o todos los cristianos, regalen todo su dinero y no tengan nada que ver con él. Yo mismo tengo dinero e incluso una tarjeta de crédito. Simplemente estoy señalando que los grandes maestros espirituales del pasado advirtieron seriamente contra la idolatría del dinero. Jesús hace una afirmación apodíctica muy clara: "No pueden servir a Dios y a las riquezas" (*Mateo* 6,24). Sin embargo, eso nunca ha sido una enseñanza moral central, o incluso de menor importancia, para los católicos ni para los protestantes.

Es demasiado fácil adorar al dinero, estar cautivados por la búsqueda de dinero y proyectarle toda clase de significado y valor. Si el dinero no es explícitamente destronado, nunca será neutral por mucho tiempo. Exigirá lealtad. Le prestamos mucha atención a los Diez Mandamientos, pero me pregunto si alguna vez en tu vida ¿has escuchado un sermón acerca del décimo mandamiento? Como católico, nunca lo he escuchado. Es el nombre del juego principal y nunca se nos ocurriría verlo como un problema, y mucho menos un pecado. "Codiciar los bienes del prójimo" ahora se llama ir de compras, publicidad y contribuir al producto nacional bruto (PNB) y a la economía estadounidense. Es increíble cómo el pecado capital de la codicia puede ser transmutado en una virtud importante.

El libro del Eclesiastés dice: "Todo es vanidad y querer atrapar el viento... Quien ama el dinero, siempre quiere más. Quien ama las riquezas, queda insatisfecho y también esto es vanidad..." (1,14, 5,9). Por alguna extraña razón, nunca oigo a cristianos conservadores citar frases como esas, sin embargo ¡me aseguran que ellos se basan en la Biblia y que la palabra de Dios es inspirada, infalible, inerrante y siempre es la verdad! Me temo que tenemos aquí la negación que siempre encubre una adicción.

ONCE

El hambre paternal

¿Ves ahora que los padres
que no pueden amar a sus hijos
tienen hijos que no pueden amar?
No fue culpa tuya
ni fue culpa mía. Necesitaba
tu amor pero me recuperé sin él.
Ahora ya no necesito nada.
—Richard Shelton[1]

La mayoría de los seres humanos siente inmensa hambre por un padre. La padecen también las mujeres, pero es mayor en los hombres. Al parecer, el progenitor del mismo sexo tiene una importancia única en la vida de un niño y su ausencia deja un vacío grande y doloroso que nunca se logra llenar. En todos mis años de labor pastoral, trabajando en comunidad, dirigiendo retiros y dando charlas por todo el mundo, he encontrado que es el tipo de ausencia más prevalente en el alma humana, además de ser una de las más dolorosas. Pero ese dolor es silencioso, oculto; es negado y se presenta de muy diversas formas que los hijos ni siquiera pueden –o no quieren– captar.

Una vez, cuando me encontraba en California dando una serie de charlas, un joven de unos veinte años se me acercó en la sala de ponentes y me suplicó que hablara con él. Lo invité a mi habitación y, cuando llegamos, me contó la historia de su vida. Comenzó diciendo: "Es como un abismo. La distancia entre mi padre y yo es como un abismo infranqueable".

Su padre era ingeniero. Cuando era niño, le había preguntado acerca de Dios y el padre respondió sin rodeos: "Las matemáticas son mi dios. Si algo no se puede demostrar, no puedo hablar sobre el tema. Si no tiene lógica, no lo creo". Su hijo era todo lo contrario, un joven muy sensible, y así creció con un extraño como padre. Vivían en mundos diferentes y esos mundos nunca se tocaban. Nunca pasó entre ellos algo que fuera vivificante.

Mientras me contaba su historia, me di cuenta de que disfrutaba, casi con deleite, con la experiencia. De pronto, después de hablar por casi una hora, se interrumpió para mirarme.

"¡Me está escuchando!", exclamó con gran sorpresa, casi llorando. "Mi padre no me escuchó ni una vez, ¡pero usted me está escuchando! ¡Siento como si le amara!".

Habíamos intimado mucho durante esa hora, puede que más de lo que él jamás hubiera intimado con otro hombre, pero pronto tenía que marcharme para dar otra charla. Así pues, con sus manos en las mías, recé con él un rato más. Finalmente me levanté, colocando mis manos sobre su cabeza, bendiciéndole: "Ahora tengo que marcharme".

"No quiero que se vaya", me dijo, desesperado.

"Pero tengo que dar una charla dentro de unos minutos".

"Cuando usted me tocó, me sentí tan bien". Pero, temiendo que le malentendiera, aclaró: "No soy gay ni nada de eso... pero me gustó que me tocara. Mi padre nunca me tocó, ni me escuchó. ¿Puedo volver otra vez?".

Al día siguiente, nos volvimos a encontrar y volvió a suceder lo mismo de otras maneras. Necesitaba alguien a quien hablarle de sus sentimientos, para saber quién era y alguien que entendiera la soledad que sentía. Necesitaba alguien que lo afirmara y le diera su aprobación. Necesitaba un padre.

Cada vez que pienso en este joven, me doy cuenta de que son legión. Miles y miles de hombres, jóvenes y viejos, que sienten como él. Crecieron sin el amor de un buen hombre, sin la comprensión ni la afirmación de un padre. Por lo que siempre sienten esa hambre, y buscan entre los maestros y entrenadores, ministros y jefes de tropa de los Boy Scouts, y cualquier hombre mayor que se lo ofrezca. Más tarde, en el servicio militar o el mundo de los negocios, buscan la aprobación de sus superiores en la misma forma. Se convierten en los buenos jugadores de equipo, los buenos soldados, que harían cualquier cosa por el presidente o el general, siempre y cuando tengan su aprobación. Son los mejores jugadores en el sistema del hombre blanco, las corporaciones, los ejércitos o las iglesias jerárquicas. Ellos harán cualquier cosa por la seguridad y la comodidad que la aprobación del 'papá' les da. Se siente como si Dios mismo les diera seguridad. Una vez cené con un arzobispo ya mayor, y cuando mencionaba a los cardenales o el papa, bajaba la voz con admiración juvenil por los que llamaba "los príncipes de la Iglesia". Él no tenía mucha energía de padre porque aún seguía buscándola en otros.

Me encuentro con el hambre paternal en muchos entornos diferentes. Durante catorce años fui el capellán de la cárcel de Albuquerque,

que es una subcultura hispana muy machista única. A menudo, los prisioneros interactúan entre sí o con los guardias con un gran despliegue de machismo y dando la apariencia de ser fuertes. Pero a menudo cuando uno de ellos está solo conmigo, todo el panorama cambia. Son niños ansiosos de agradar, y en su estado de confort, donde ya no tienen que actuar, soy el Padrecito. Recuerdo un hombre que vino a verme. De buen físico y con un tatuaje de la Virgen de Guadalupe en un brazo y una mujer desnuda en el otro. "Mire, Padre, yo puedo hacer que se muevan", dijo, flexionando los músculos. En sus ojos vi a un niño, tratando de llamar la atención de su papá, y tan seguro de que la sexualidad y la espiritualidad se pueden expresar como una sola. Eso es lo que los jóvenes quieren de un hombre mayor.

Muchas veces los presos encuentran excusas para estar solos y hablar. Piden ir a confesarse, aunque a veces tienen muy poco que confesar. Pero sacan a relucir cualquier cosa, con la esperanza de que sea un pecado lo suficientemente grande, solo para contarme sobre su vida interior y su ser privado. Después de escuchar la confesión de un preso, siempre le pongo mi mano en la cabeza o el hombro mientras le doy mi bendición. Invariablemente, si lo toco, llora. Baja la cabeza, para que yo no vea las lágrimas, pero ahí está, sollozando como un niño pequeño que necesita que lo abracen y sostengan. Él nunca lo pediría, por supuesto. El hambre paternal es una gran herida abierta que muchos llevan consigo, sin darse cuenta o, al menos, sin poder darle nombre. Se trata de una privación que muchos están constantemente tratando de superar, una necesidad que siempre están tratando de satisfacer. En la historia, un porcentaje muy alto de padres murieron en la guerra, se ausentaron por motivo de trabajo, por ser alcohólicos, abusivos o simplemente emocionalmente no disponibles o sin interés por sus hijos. Algunos fueron rechazados o abandonados por los padres; algunos ocuparon el segundo o tercer lugar en sus mentes después de un hermano o hermana preferido.

Nuestro padre, y su respuesta a nosotros, es la primera respuesta de alguien "de afuera". El amor de la madre se basa en el cuerpo comenzando con el vientre y el pecho. Se supone, se da por sentado, es invocado por instinto, por lo que una "herida maternal" fundamental puede ser aún más devastadora a la esencia misma del ser. Cuando la madre buena de uno muere, primero se siente como si Dios ha muerto, porque ella es la primera imagen clara de Dios y la seguridad divina.

Pero papá es ese otro en la casa, a mayor distancia. Él no 'tiene' que amarte. Su amor no se siente instintivamente ni se busca, como el amor de madre. ¡Él tiene que *elegir* amarte! Decide por ti, te escoge, se da cuenta de que estás entre muchos. Por lo tanto, redime, libera y deleita, de una manera totalmente diferente. Como sabemos, Dios fue visto originalmente como femenino en casi todas las culturas originales, pero entonces la religión judía vio a Dios como "Abba", Padre, Papá, porque su experiencia era de haber sido escogido por Dios, siendo los objetos de la Elección Divina, que personalmente prefería a las demás naciones. "El Señor se fijó en ustedes y los eligió, no porque eran más numerosos que los demás pueblos, pues son el más pequeño de todos, sino por el amor que les tiene" (*Deuteronomio* 7,7). Esa es la experiencia excepcionalmente transformadora del amor masculino. Nos valida y nos afirma profundamente, precisamente porque no es necesario. Es el amor totalmente gratuito, no necesitado, no manipulador, no co-dependiente –y solo ese amor finalmente se siente en realidad como amor. Por supuesto, una buena madre ama de esa manera, también.

Es mi convicción que esta sanación es lo que el judeo-cristianismo estaba tratando de comunicar al parecer preferir las metáforas masculinas de Dios. Sabemos que Dios no es masculino ni femenino, y debemos seguir utilizando imágenes femeninas de Dios, también, pero la herida paternal es tan profunda y tan extendida en gran parte del mundo y gran parte de la historia, *que incluso fue necesario para Jesús utilizar la palabra más osada, más distante y más peligrosa para Dios –"Abba"– porque es ahí donde está la herida para muchos.* Ahí es donde la sanación profunda va a suceder, y tiene que suceder. De hecho, las mismas personas que más quieren descartar la palabra masculina totalmente suelen ser personas que tienen una relación distante o negada con lo masculino. Se están perdiendo al menos la mitad del misterio de Dios, si ellos odian y rechazan la palabra 'Padre' y su significado. Muchos conservadores, que odian la palabra Madre para Dios, también se están perdiendo al menos la mitad del misterio de Dios. Si son católicos, tratan de compensar casi adorando a María, que se convierte en todas las cosas que temen que el Dios Padre no es: misericordioso y acogedor, piadoso y tierno. Una simple norma es la siguiente: cuanto más machista y distante el hombre es en cualquier país católico en particular, más sustituirán el cristianismo basado en la Biblia por María. Los protestantes tienden a ser más moralistas para complacer al exigente Padre Dios, y ni siquiera entienden el cristianismo místico y conyugal.

No es cuestión de las guerras de los sexos o de acción afirmativa femenina; es una cuestión para todos nosotros encontrar las palabras y las imágenes que ¡nos permiten irrumpir en el amor! Si tienes una herida maternal, probablemente tienes una profunda necesidad de metáforas femeninas para Dios. Si eres un hombre gay, serán las imágenes varoniles las que fascinarán tu alma y abrirán tu corazón. Si has sido rechazado o abandonado por hombres, será la imagen de un hombre la que más odiarás, temerás y necesitarás, y es precisamente ahí que un día caerás de rodillas y romperás a llorar. En la totalidad de nuestra vida, por supuesto, finalmente necesitamos ser amados tanto por la Divinidad femenina y la Divinidad masculina, que es plenamente ¡nacer de nuevo! Dios es suficientemente grande y completo para darnos los dos. Tenemos hambre del amor perfecto.

Parece que no podemos ser nosotros mismos, no podemos ser nuestro propio hombre o nuestro propio padre, hasta que hayamos sido el niñito de alguien. Necesitamos ser queridos por él, que nos bendiga, incluso después de nuestros errores, que disfrute de nuestra compañía, y decirnos que podemos tener éxito. La separación de aquel que es lo mismo que nosotros (nuestro padre) es de alguna manera aún más destructiva que la separación de la persona que es lo opuesto (nuestra madre). Si la hombría en sí no me quiere, entonces estoy siempre inseguro con la mía. Su afirmación es diez veces más importante que la de cualquier otro hombre, y de una calidad totalmente diferente a la afirmación de una mujer. Hasta, y a menos, que la tengamos, cada relación con un hombre de alguna manera será el padre que no hemos conocido, para bien o para mal.

¿Qué tan destructivo es el hambre paternal? ¿Hasta dónde puede ir un hombre para satisfacer la necesidad de aprobación que le ha negado su padre? ¿Qué podría hacer él para liberar su ira reprimida?

La psicóloga alemana Alice Miller escribió un estudio sobre un hombre que había sido abusado de niño. Su padre lo golpeaba por cualquier mínima infracción, real o imaginaria. Ni siquiera lo llamaba por su nombre. Cuando él quería que el niño fuera a donde estaba, daba un silbido, como si el niño fuera un perro. El odio hervía en el niño, pero no podía descargar su ira contra su padre. La mantenía en su interior, alimentándola. Algún tiempo después, el hijo descubrió que su abuelo (de quien sabía muy poco) había sido judío. Su pensamiento distorsionado lo llevó a creer que esta sangre judía era la razón del comportamiento de su padre. El nombre del muchacho: Adolfo Hitler. Ya conoces el resto de su destructiva historia.[2]

Es lo que no conocemos personal o directamente lo que a menudo se odia y teme más. El abuelo desconocido de Hitler se convierte en la encarnación del mal, el padre ausente del joven negro se convierte en el odiado agente de policía en la calle, el abusivo y desconectado padre hispano crea hijos que maltratan y dominan a todos los demás. El hijo cuyo padre murió joven confunde su hambre paternal con el deseo sexual y deja que abusen de él.

Pero el ausente también puede crear santo deseo y santo anhelo. El hambre paternal puede funcionar de ambas maneras. Algunos hombres, por alguna razón, seguramente es la gracia, llenan ese vacío con las visiones y las imágenes y los ideales de otros mil hombres que conocen en el camino. Muchos de los hombres mejores, más bondadosos y más eficientes que he conocido fueron impulsados a la tarea de su vida por una profunda hambre paternal que a menudo ni ellos mismos reconocían. Los llevó a ser buenos estudiantes de mentores, a ayudar a otros niños, a entablar amistad con otros hombres, a nutrirse ellos mismos porque no habían sido nutridos. Pero sobre todo, a veces aprenden a buscar, desear y confiar en que Dios es aquel papá amoroso y compasivo que siempre desearon. Y eso es exactamente lo que Jesús nos dijo que era cierto en su historia favorita que llamamos el Hijo Pródigo (*Lucas* 15,11–32).

NOTAS

1. Richard Shelton, 'Letter to a Dead Father' in *Brother Songs: A Male Anthology of Poetry*, Jim Perlman, ed. (Minneapolis, Minn.: Holy Cow, 1979), p. 21.

2. Alice Miller, *For Your Own Good: Hidden Cruelty in Child Rearing and the Roots of Violence* (New York: Farrar, Straus & Giroux, Inc., 1983), pp. 142–197.

La herida paternal

Tres cosas inspiran odio y temor: los terremotos,
los incendios y los padres.

—Aforismo japonés

El hambre paternal suele convertirse en una auténtica herida paternal. Algunos usan este término para poner de relieve la herida en la psique de un hombre como resultado de no tener padre, ya sea porque el padre ha muerto o ha abandonado a la familia, porque el trabajo lo obliga a ausentarse la mayor parte del tiempo o porque el padre se mantiene emocionalmente alejado de sus hijos. Sea por lo que sea, el resultado es una lesión interior profunda, una privación que causa una idea deficiente del propio centro y de los propios límites, una mente desconectada del cuerpo y de las emociones, una vida que es como un fuego sin prender.

Mientras dirigía un retiro en Perú en 1977, una hermana que ejerce su ministerio en la prisión central de Lima me ayudó a comprender esta lección. Me contó que cuando se acercaba el Día de las Madres durante su primer año allí, los presos le pedían constantemente tarjetas para esa ocasión especial. Ella llevaba continuamente paquetes de tarjetas para que los prisioneros se las enviaran a sus madres, pero nunca parecían suficientes. Por lo tanto, al acercarse el Día de los Padres, decidió prepararse para la avalancha de pedidos comprando una caja de paquetes con tarjetas para el Día de los Padres. Pero esa caja, según me contó, todavía está en su oficina. Ni un solo hombre le pidió una tarjeta para el Día de los Padres. Ni siquiera las querían regaladas.

Comprendió entonces –y al contarme este relato con lágrimas en los ojos– que la mayoría de los hombres en la cárcel no tenían padre. No es que fueran huérfanos, sino que nunca habían conocido una figura paterna. Nunca se habían visto a sí mismos como hijos de hombres que los admiraran, nunca habían sentido una identidad firme y profunda, nunca habían recibido ese entusiasmo primordial que resulta de crecer en contacto inmediato con un hombre mayor y seguro de sí mismo. Y por eso, habían pasado su vida intentando hacerse hombres de maneras tortuosas y destructivas. Eran hombres inseguros que tenían que probar que eran hombres, *porque nadie les había dicho que lo eran.* Sus alardes de machismo siempre acababan en actos de anarquía, oposición y violencia.

Al no haber alcanzado una profunda masculinidad interior, buscan seguridad y autoafirmación en otros hombres. El fenómeno de las pandillas adopta muchas formas pero suele ser un ejercicio en vano; jóvenes de diecisiete años que buscan la figura paterna en otros de su misma edad. Al no haber encontrado esa fuerza interior que les hace sentir una saludable estructura del ego, intentan constantemente probar quiénes son. Ya sea que compitan en juegos de "machos" para probar su fuerza física, en proezas sexuales o en el éxito en los negocios, necesitan desesperadamente demostrarse a sí mismos y demostrarles a los demás que han logrado el éxito y que son hombres de verdad. Pero su carrera de un logro a otro solo demuestra que no lo han logrado, lo cual es lo único que realmente cuenta. Al carecer de autoestima, intentan probar su valía acumulando cosas o dinero, o ejerciendo poder. Pero su continua búsqueda de una *autoestima ganada* es sin duda un contradicción y delata su baja autoestima.

Jean Vanier, fundador de muchas comunidades para discapacitados y retardados mentales en todo el mundo, me dijo una vez en su sede en Francia que había encontrado muy pocos hombres que no sufrieran de dos heridas: heridas a su sexualidad y heridas en relación con la autoridad. Asombrado le contesté: "¡Eso es exactamente mi experiencia!". Casi todos los hombres en la sociedad occidental sufren de alguna herida sexual.[1] Sangra terriblemente en la violencia sexual hacia las mujeres, la adicción en sí mismos y la homofobia hacia otros hombres. Ningún hombre me ha dicho nunca que sentía que su sexualidad estaba completa, saludable y satisfecha. Siempre parece ser una cruz, un dilema, una vergüenza, un temor, una duda o un deseo imposible. Los temas sexuales están siempre en el centro de la espiritualidad masculina. Debe ser aprovechada para el bien, o siempre será la "espina en la carne" que mantiene a los hombres paralizados, adictos y viviendo una doble existencia. Básicamente, creo que necesitamos que nuestros padres nos modelen una sexualidad sana, o todos empezamos de cero y cometemos los mismos errores generación tras generación.

Un alto porcentaje de los hombres también tiene problemas con la autoridad. Se arrodillan ante ella, como vemos en la mayoría de los conservadores, o en reacción constante contra ella, lo que vemos en la mayoría de los liberales. Esto casi define los panoramas políticos y eclesiásticos. Si no nos hemos encontrado con un hombre que posee verdadera autoridad, permitimos que la autoridad sea algo externo y arbitrario, y o la amamos o la odiamos a ese nivel. Esto es no captar lo esencial. Puesto que no han conocido la autoridad espiritual e interior adquirida de una auténtica experiencia de Dios, o bien la buscan externamente o luchan contra ella externamente. La autoridad para ellos no es nunca la sabiduría interior sino, por lo general, la obligación externa. Esa es la forma en que conocen la autoridad, por lo que es la forma en que ambos siempre ejercen la autoridad, ya sea porque la necesitan demasiado (la mayoría de conservadores) o abdicándola (la mayoría de liberales). Ninguno de ellos, por lo general, ha integrado o incluso encontrado ese lugar tranquilo que permite hacer la danza delicada y madura entre la autoridad interna y la externa.

Al hacerlo, sin embargo, crean problemas para ellos y otros. El solo hecho de imponer tu voluntad engendra obediencia y pasividad, cumplimiento y resentimiento, respeto en la superficie e ira oculta. Por lo tanto, la mayoría de los hombres perpetúan el mismo sistema que los mantiene encarcelados, ya sea como subordinados o como autoridades. La mera autoridad externa consigue que, a cierto nivel, el trabajo se haga, pero ambas partes se mantienen reaccionarias la una a la otra, y la relación permanece estancada en ese punto.

A pesar de que no hay garantías en la vida, podemos ayudar a nuestros hijos varones compartiendo con ellos nuestra vida interior, nuestros pensamientos, sentimientos, sueños y pesares. Un psicólogo me dijo que la mayoría de los niños han perdido el respeto a sus padres cuando llegan a los dieciséis años. Supongo que es algo normal que los adolescentes quieran romper el vínculo con los padres alrededor de esa edad. Que la ruptura sea sana o no, sin embargo, depende mucho de la calidad y el estilo de nuestra paternidad. Si hemos descuidado o intimidado a nuestros hijos en la infancia, la ruptura será algún tipo de abandono, o una rebelión que podría no tener cura nunca. Pero si los hemos afirmado y motivado en el camino hacia su adultez, y hemos compartido nuestras luchas con ellos, la ruptura será un relajamiento de la relación padre-hijo que con el tiempo se reforzará en una relación hombre-a-hombre. Es más importante atraer a nuestros hijos a un proceso con nosotros que darles conclusiones demasiado nítidas.

Nuestros hijos no son tontos. Si han recibido la energía masculina de sus papás mientras crecían, no la van a rechazar cuando sean adultos. Si han aprendido a confiar en lo masculino durante su infancia, van a ser capaces de confiarlo en nosotros y encontrarlo en sí mismos cuando sean hombres. Podrían buscar afirmación y modelos en otros lugares –entre sus compañeros, sus maestros y entrenadores, sus héroes reales o ficticios– pero eso es normal. Ningún hombre puede ser todo, incluso para su propio hijo, quien tiene que construir su propia hombría incorporando características de muchas personas que admira en su propia identidad adulta. Pero ningún hijo inteligente descarta el ejemplo que su padre le dio, si lo que recibió fue una experiencia sincera y amorosa de su padre y un sano sentido de sí como hombre.

Un hijo necesita creer que su padre lo respeta e incluso lo admira. Siempre digo que los hombres son criaturas muy simples. *¡Lo único que la mayoría de los hombres requiere es respeto!* De niño lo que quiere es que su papá se sienta orgulloso de él, pero a medida que crece hacia la edad adulta el orgullo de un padre puede parecer condescendencia. Lo que siempre necesita no es solo la aprobación de los padres, sino el respeto y admiración sincera de un adulto. Si el padre espera hasta que el niño sea un adolescente, será demasiado tarde. *Ese honrar del hombre en el niño es lo que invita al niño a unirse al club de los hombres.* Ese honrar es lo que le hace saber que por fin tiene condición de igual con su padre, que él y el padre son uno. Sin embargo, los hijos suelen admitir que una parte de ellos necesita y desea mantener al padre para siempre en un pedestal, necesitan y quieren que sea su padre y no completamente un igual. (Recuerdo la profunda decepción y confusión que sintió un joven al que conocí cuando su papá se arrodilló ante él y le confesó sus secretos sexuales y su estilo de vida irresponsable.)

La herida paternal es tan profunda y tan generalizada en muchas partes del mundo que su curación podría ser la reforma social más radical imaginable. Estoy convencido de que esta distorsión es la base de tanta delincuencia, del militarismo, de la codicia competitiva, de la necesidad patológica de tener líderes y de la inestabilidad familiar. ¿Qué podemos hacer para sanar esta herida? Sugiero tres formas sencillas de luchar para la sanación de la herida paternal.

Primero, debemos pasar de las heridas que sentimos, a una relación adulta y de perdón hacia nuestros propios padres y figuras paternales. Segundo, tenemos que cultivar y tal vez tratar de servir de padres a nuestro niño interior, a través de la oración de sanación, las amistades con hombres y tal vez un trabajo espiritual interior con la ayuda de un consejero o terapeuta. Y, por último, debemos dedicar parte de nuestras energías de padre a la reforma de las estructuras patriarcales destructivas en nuestra sociedad y al cuidado y la sanación de la próxima generación de hombres.

Permítanme terminar con una referencia a San Francisco de Asís, quien sufrió una profunda herida paternal. Su padre parece haber abusado de él verbalmente, aunque no físicamente, cuando era joven, tal vez porque creía que Francisco y su madre estaban muy ligados (un fenómeno común con los hijos mayores o más sensibles que tienen lazos profundos con la madre). Esto sólo empeoró cuando el joven Francisco partió en su búsqueda espiritual, aparentemente rechazando el éxito, los negocios y la visión del mundo que tenía su padre.

Conocemos una historia de la juventud de San Francisco que parece revelarnos cuánto esta ruptura lo hirió toda su vida, y el uso creativo que hizo Francisco de lo que hoy llamaríamos 'psicodrama' [nota de trad.: forma de psicoterapia ideada por el Dr. Jacob Levi Moreno] para sanar esta herida que carcome por dentro.

Durante gran parte de su vida posterior, Francisco vivió en la llanura de Asís, en lo que se llama la Porciúncula, donde trabajó por primera vez con los leprosos y reunió a su comunidad de frailes. Algunas veces cuando Francisco subía la cuesta hasta la ciudad, tenía mucho miedo de encontrarse con su padre en la calle porque éste a menudo lo maldecía y lo rechazaba de nuevo como hijo.

Francisco, sin duda, cargaba un poco de culpa por la vez que dramática y llamativamente rechazó a su padre en la plaza muchos años antes. Sin duda, reconocía que había todavía mucho de ego en esa acción, cuando públicamente avergonzó a su padre humano en su búsqueda juvenil del Padre celestial. Un santo maduro no hubiera hecho eso. Ahora sabía más, pero no podía reparar la relación totalmente destruida.

En cualquier caso, ese continuo rechazo de su padre le dolía tanto que Francisco invitaba a un mendigo de las calles para que lo acompañara, y caminara a su lado para proteger su alma. Le había ordenado:

"Cuando mi padre me eche maldiciones y sea abusivo conmigo, yo las oiré dolorosamente en un oído, pero te pido que camines a mi otro lado, y susurres el favor de Dios en mi otro oído: 'Francisco, tú eres mi hijo amado. Eres un hijo del cielo y un hijo de Dios'. ¡Sigue repitiéndolo hasta que me lo pueda creer otra vez!". Era lo único que podía salvarlo del corazón amargo y triste que el rechazo de un padre deja para siempre en un hijo.[2]

Los eruditos no han podido encontrar una sola referencia o alusión a si esta relación se reconcilió públicamente alguna vez, a pesar de que Francisco, según la Biblioteca del Smithsonian, tiene la lista más larga de libros escritos sobre él ¡de cualquier hombre o mujer en la historia de la humanidad! Tal vez es tan universalmente querido y admirado, precisamente porque era tan normal, humano, herido y remendado, al igual que el resto de nosotros.

Ahora bien, si el gran San Francisco de Asís cargó con tan pesada herida paternal y por tan largo tiempo, sabemos lo profunda que tal herida puede ser. Vemos que creó ritos de sanación para sí mismo, y sin duda perdonó a su padre y le pidió perdón. También podría haber sido la pena subyacente lo que lo impulsó hacia su apasionada búsqueda de Dios, el deseo de un Padre perfecto y siempre acogedor. Su herida se convirtió en su herida sagrada, que entonces no parece en absoluto como una herida.

NOTAS

1. Eugene Kennedy, *The Unhealed Wound: The Church and Human Sexuality* (New York: St. Martin's, 2001.)
2. Marion A. Habig, ed., 'Legend of the Three Companions,' #23, *St. Francis of Assisi Writings and Early Biographies: English Omnibus of the Sources for the Life of St. Francis*, y R. Brown, B. Fahy, P. Hermann, P. Oligny, N. de Robeck, L. Sherley-Price, trans. (Chicago: Franciscan Herald, 1973).

El trabajo de sufrir

Estad quietos y esperad sin esperanza,
la esperanza sería esperanza para lo malo.
—T.S. Eliot, "East Coker" tomado de *Four Quartets*

La mayoría de los hombres crece con un vacío en su interior. Ya sea que lo llamemos el hambre paternal, privación de lo masculino o inseguridad personal, es el mismo vacío. Cuando la energía masculina positiva, una manera masculina de sentir, no se modela de padre a hijo, se crea un hueco en el alma de los hombres. Y ese hueco se llena de demonios. Entre otras cosas, les hace perder la capacidad de leer correctamente situaciones y personas. Tienen poca confianza en sus propios juicios humanos o en su capacidad para relacionarse personalmente. Eso es una gran pérdida. Los hombres no saben lo que realmente sienten, cómo sentir empatía con los sentimientos de los demás, y sobre todo no saben llorar.

Aunque no estoy cualificado para hacer de psicólogo aquí, solo quiero utilizar este vacío crucial y decisivo en los hombres como el punto de partida para señalar que los niños necesitan ser educados por madres y padres, para que encuentren su verdadero y mejor yo. Estoy convencido de que hay una manera "masculina" de sentir, una forma masculina de sufrir,[1] necesaria para equilibrar nuestra manera masculina de pensar. Sin ella, nos convertimos en alguien dividido y unidimensional, pero las mujeres no nos pueden enseñar una manera masculina sana de sentir. Necesitamos que un hombre haga eso por nosotros.

Una vez leí un estudio sobre unos niños que fueron criados por el padre en la casa mientras la madre iba a trabajar. El informe se refería a ellos como "superniños" porque en la infancia y la vida adulta casi todos triunfaron de manera muy superior al promedio estadístico. No hay duda de que su éxito en la vida se debió a una serie de factores, y no el menos importante de los cuales es que tenían padres que eran lo suficientemente creativos y libres como para revertir con éxito los roles tradicionales de la crianza de los hijos en nuestra sociedad. Pero sospecho, también, que el amor del padre, que tiene una calidad diferente al amor de la madre, tuvo mucho que ver con que salieran "superniños". La energía masculina positiva, ya sea que provenga del padre o de la madre, tiene el poder de dar a los niños gran seguridad y confianza en ellos mismos.

Basándome en mi propia experiencia, puedo decir con sinceridad que una de las razones por las que me hice sacerdote es que mi padre siempre creyó en mí. Siempre que tuve la tentación de dudar de mí o de preguntarme si estaba listo para intentar algo, me decía que estaba seguro que yo podía hacerlo. Nunca crecí con los problemas de inseguridad que veo en tantos jóvenes con quienes he trabajado. Claro, yo también era el hijo mayor y querido de mi madre, y su amor me daba profundas raíces, pero el amor de papá me 'envió' al mundo más amplio de afuera. No es de extrañar que los que Jesús llamó fueron conocidos como los 'enviados' o apóstoles. Eso es lo que los hombres hacen por los hombres. Se dan unos a otros energía para la vida, y especialmente la vida en el mundo exterior. Se trata de las raíces y las alas de la antigua metáfora: el amor de la madre nos da raíces para nuestra alma, para nosotros mismos y para nuestro cuerpo; el amor de padre nos permite hacer algo bueno con todas esas raíces maravillosas. Nos enseña a volar.

Cuando un padre le dice a un hijo que puede hacer algo, éste lo puede hacer. No sé por qué sucede, excepto que creo que hay alguna energía misteriosa que pasa del hombre a sus hijos. A veces incluso puede ser imprudente, como cuando me fui a nadar siete vueltas para una medalla de mérito cuando tenía catorce años, y nunca antes había nadado siete vueltas, ¡pero mi papá me dijo que podía hacerlo! (Fracasé.) La energía del padre es una especie de energía creativa que puede crear las cosas cuando no lo son, y sin la cual las cosas no pueden llegar a ser. Cuando la energía masculina está ausente, la creación no ocurre ni en el alma humana ni en el mundo. La crianza ocurre, el apoyo y el amor ocurren, que son dones femeninos maravillosos, pero no la nueva "creación de la nada" que es la prerrogativa única asociada con el lado masculino de Dios.

Sin la energía del padre hay un hueco, un vacío en el alma que nada parece poder llenar. Todas las heridas predecibles del fracaso y el rechazo hieren profundamente porque no hay nadie que las guarde, que las cargue con nosotros, las purifique y transforme. A medida que envejecemos, nos volvemos muy tristes. *Es tristeza, pero se manifiesta como ira.* Cuando los hombres reconocen ese aspecto de ellos mismos, a menudo, es el principio de una gran transformación, autodescubrimiento y hasta autocompasión. La mayoría de los hombres no sabe que está realmente triste, y su vida está llena de pena incompleta. Encontraron la manera de deshacerse del dolor antes de haberlo realmente 'sufrido' y haber aprendido sus buenas lecciones. Muchos hombres piensan que están enojados, pero mayormente el enojo de los hombres es en realidad tristeza oculta. Para resolver esta desconexión, casi todos los ritos de iniciación tenían que enseñar a los hombres jóvenes a llorar.

La importancia de esto fue evidente para mí en mis estudios del fenómeno universal de los ritos de iniciación masculina. Estos ritos casi siempre incluían un período que podríamos llamar "el trabajo de sufrir" o ejercicios de duelo, la necesidad de que el hombre se una a "las lágrimas de las cosas". Tal vez era una manera de proteger su alma en lo que casi siempre era un mundo cruel y brutal. Sin embargo, las lágrimas no parecen brotar naturalmente a la mayoría de los hombres. Había que enseñarle lo que Jesús enseñó también, que "los que lloran serán bienaventurados" (*Mateo* 5,5). Sospecho que el no poder llorar es un precio que el hombre ha tenido que pagar por tantos siglos yendo a la guerra (que es casi la única norma de la historia), marchándose de casa tan joven para luchar por cosas que apenas entendía. Es necesario dividir, negar y reprimir el mundo de los sentimientos para sobrevivir esas duras pruebas. En efecto, hemos optado por la supervivencia de las pretensiones culturales y nacionalistas sobre la supervivencia del alma masculina. Sí; los hombres suelen ser guerreros, pero han sido criados como perros para que lo puedan ser, desarrollando algunas cualidades en exceso, como el desprendimiento y el estoicismo, y reprimiendo otras como el sentimiento, la empatía y la vulnerabilidad. La iniciación aún así, trataba de mantenerlos en algún tipo de equilibrio.

Eso es porque la "modalidad de sufrir" es muy diferente a la modalidad de arreglar, a la modalidad de controlar o incluso a la modalidad de entender la vida. Era preciso enseñar al hombre a vivir y a sentir el sufrimiento, para que no pasara toda su vida en estas otras tres modalidades, que en gran medida es lo que ha sucedido. El sufrimiento, según mi definición, no es más que *pena inconclusa*. Parece que necesita pasar por todas sus laboriosas etapas. La pena nunca simplemente termina y desaparece. Es un proceso de desprenderse, de sufrir nuestra pérdida, sentirla profundamente y permitir que nos cambie. Y tal vez nos cambia como casi ninguna otra cosa. Las mujeres parecen aprenderlo a través de su ciclo de veintiocho días y su período de gestación de nueve meses. Nosotros los hombres no tenemos una curva de aprendizaje como esas.

El sufrimiento, al parecer, nos hace más permeables, y nos permite salir de nosotros mismos para que otros puedan entrar. En realidad, cambia la forma misma de nuestra alma. Es por eso que *tenemos* que pasar por la experiencia de la pérdida y el vacío, tenemos que practicar el desprendimiento de las cosas, tenemos que sufrir la muerte para poder disfrutar de la vida. Sin el trabajo de sufrir, y es *trabajo*, durante un tiempo prolongado, el alma permanece encerrada en sí misma, dando tumbos dentro de su propia y limitada lógica y, básicamente, desconectada del resto del mundo.

Si los hombres no son guiados a través de las etapas y experiencias del sufrimiento, que siempre se sienten como si fuera morir, terminan sufriendo aún más por los dolores neuróticos de la depresión sin rumbo, la desesperación, las diversas formas de adicción y hasta por las tentaciones suicidas. ¿Quién, dime quién, te enseñará esto, cuando ni la Iglesia lo hace? La cristiandad ha hecho de la crucifixión en sí una teoría de expiación mecánica en lugar del necesario mensaje de transformación, el precio de todo amor verdadero. Como dijo Carl Jung, y lo parafraseo, o enfrentamos el dolor legítimo de ser humanos o nos echamos encima un dolor destructivo que es diez veces peor. El trabajo de sufrir enseñó a los hombres la manera de cargar con el sufrimiento del dolor legítimo, un proceso que en sí se convirtió en un maestro aún más importante. No te deshagas de tus penas hasta que hayas aprendido todo lo que te puedan enseñar. Cuando estás en medio de ellas, te advierto que se necesita un entrenador que haya estado allí antes que tú.

Hemos elegido a Jonás saliendo del vientre de la ballena como el logo del programa M.A.L.Es (Hombres Aprendices y Sabios), precisamente porque el dolor y la oscuridad están en el centro del auténtico trabajo de los hombres. Gran parte del trabajo inicial con hombres es enseñarlos a confiar en su tiempo en el vientre de la ballena, cómo permanecer allí sin necesidad de arreglar, controlar o incluso de entenderlo completamente, y esperar hasta que Dios los arroje en una playa nueva. Se llama "espacio liminal", y creo que toda transformación profunda se lleva a cabo en el interior del espacio liminal. Tener esperanza demasiado rápido es tener esperanza en algo equivocado. El vientre de la ballena es el espacio de gran enseñanza, y por lo tanto no es de extrañar que Jesús dijera que "no se le dará una señal diferente a la de Jonás" (*Lucas* 11,29). De hecho, sería una generación "adúltera" la que buscara cualquier otro signo. Los hombres tienen que aprender a llorar, o serán, inevitablemente iracundos y controladores, sin siquiera saber por qué.

NOTA
1. Golden, *Swallowed by a Snake*.

CATORCE

Tres tipos de hombres

Otro sábado, Jesús entró en la sinagoga y comenzó a enseñar. Había en ella un hombre que tenía la mano derecha tullida; y los maestros de la ley y los fariseos espiaban a Jesús para ver si lo sanaría en sábado, y así tener algún pretexto para acusarlo. Pero él, que sabía lo que estaban pensando, le dijo al hombre que tenía la mano tullida: "Levántate y ponte ahí en medio". El hombre se levantó y se puso de pie, y Jesús dijo a los otros: "Les voy a hacer una pregunta: ¿Qué está permitido hacer en sábado: el bien o el mal? ¿Salvar una vida o destruirla?". Luego miró a todos los que lo rodeaban, y le dijo a aquel hombre: "Extiende la mano". El hombre lo hizo así, y su mano quedó sana. Pero los otros se enfurecieron y comenzaron a discutir qué podrían hacer contra Jesús.

—*Lucas* 6,6-11

En esta historia hay tres tipos de hombres. El hombre con la mano tullida es un tipo, los escribas y fariseos otro, y Jesús es el tercer tipo. Podemos aprender mucho sobre nosotros mismos si miramos a estos tres tipos de hombres y nos preguntamos ¿dónde nos colocaríamos nosotros en el relato?

El hombre con la mano tullida es típico de muchos hombres en el mundo de hoy. Nota que la mano tullida es la *derecha*. Esa es la mano funcional, la que produce. Este hombre es una imagen de los que son incapaces de lograr lo que desean o lo que les gustaría ver realizado. Es un hombre débil. Se dice que estaba en la sinagoga, sentado por ahí. No toma la iniciativa ni muestra ningún interés. No pide nada. Ni si quiero pide ser curado como lo hacen tantos en las historias de curación de los Evangelios. Es Jesús quien lo llama. Y cuando Jesús lo llama, se queda en silencio. Hace lo que Jesús le pide, pero no dice absolutamente nada durante todo el encuentro. Ni siquiera le da las gracias a Jesús después de haberlo curado, ni alaba a Dios ni se lo cuenta a otros. Es completamente pasivo, espera que otros hagan las cosas y entonces *tal vez* él reaccione. No parece tener una meta para su vida, y no le importa mucho que no sepa adónde quiere ir. Es precisamente este tipo de hombre quien defrauda tanto a su hijo.

La descripción es apta para demasiados hombres hoy día, no solo en la cultura estadounidense sino también en muchas partes del mundo. La mayoría de los hombres no sabe cómo motivarse. Si tiene alguna motivación, es para alguna forma rápida de conseguir dinero, sexo o poder. Nada más. No tiene una motivación interna, y sin la motivación externa de dinero, sexo o poder no sabe cómo decidir o escoger lo que quiere ser y hacer con su vida.

Otra manera de decir esto es que la mayoría de los hombres no tiene vitalidad ni alegría interior. Necesita algo exterior (como una ley o un temor) que lo impulse, lo motive, le dé seguridad, lo promueva, lo premie, para poder ser 'feliz'. La espiritualidad es cuestión de tener una fuente de energía interior que motiva y da dirección a la vida.

El incidente en el Evangelio según San Lucas es una historia de curación, pero me pregunto si realmente el hombre fue curado. Tal vez su mano funciona de nuevo, pero no hay nada más que parece funcionar. Aquellos de nosotros que tenemos experiencia como ministros de sanación en el movimiento carismático, o hemos presenciado curaciones por medio del sacramento de la Unción de los enfermos, conocemos la importancia de que haya un seguimiento psicológico y emocional. Si una curación física no va acompañada de una curación espiritual, con mucha frecuencia los síntomas físicos retornan. La curación física es siempre un llamado al cambio interior, al cambio de corazón y al cambio de rumbo. Después de curar a los enfermos, Jesús por lo regular les decía que se levantaran y caminaran o se marcharan y no pecaran más. No hay indicio en esta historia de que el hombre hizo algo parecido. Su respuesta a la milagrosa intervención de Jesús fue quedarse ahí parado.

Los escribas y fariseos representan otro tipo de hombre en nuestro mundo de hoy. Irónicamente, en esta historia, son gente de la iglesia. Toman su religión en serio, pero tratan de impedir la obra de Dios. Están activos en la religión pero no quieren tener nada que ver con la curación, la libertad o el dar vida. Están atrapados en sus sistemas mentales, sus principios morales, cegados por sus doctrinas. Observan desde la distancia, criticando lo que ocurre, con el fin de acusar. Son hombres de mala voluntad, pero una mala voluntad cuidadosamente disfrazada. La mejor manera de ser una persona llena de odio sin sentirse culpable es sentirse llena odio hacia Dios.

Son lo que podríamos llamar 'conservadores del poder' aferrándose a los puestos y a la seguridad que les otorga la religión institucional. Tales hombres son muy diferentes a los 'conservadores de valores', o sea, los que se aferran a los valores realmente tradicionales del Evangelio. Bajo la apariencia de valores religiosos, lo que persiguen en realidad es el poder y el control. No solo existen en la Iglesia Católica sino también en las iglesias protestantes, como también en la judía y musulmana. Son los portavoces del poder religioso y utilizan a Dios como frontal para su propia necesidad de control. Cuando Jesús les pregunta algo a los escribas y fariseos, ellos callan, desmienten o levantan una cortina de humo. Se ponen furiosos, pero no delatan sus verdaderos motivos a nadie, ni siquiera a sí mismos.

Otro cosa que caracteriza a estos hombres es que piensan y actúan en grupo. No son individuos sino representantes de cierto pensamiento de grupo, que en este caso es la religiosidad. Podría ser también patriotismo o capitalismo u otro tipo de chovinismo étnico. Sea cual fuera, se oponen a la conciencia individual o personal. El pensamiento colectivo es uno de los sustitutos más comunes y triviales del crecimiento personal y la conciencia madura. Los fariseos representan la necesidad de hacer lo correcto y el control social, una forma muy común de una moralidad primitiva. La conciencia verdadera y los riesgos de la integridad están por encima de su comprensión y generalmente representan una seria amenaza para ellos. Es sorprendente cómo en casi todas las historias de Jesús, los 'malos' son la gente religiosa.

Finalmente vemos al hombre Jesús. En cinco breves versículos este hombre entra, enseña, reconoce lo que otros están pensando, ordena cuestiona y actúa serenamente. Mira a sus acusadores sin pánico porque él sabe lo que están pensando. Habla con autoridad interna cuando se dirige a los otros dos tipos de hombres. No tiene miedo de enfrentarse a ellos ni de cuestionar la ley. Sabe qué está a punto de hacer y lo hace. No da explicaciones. No se atribuye el mérito. No necesita reconocimiento. *Únicamente obra con la verdad y carga con la furia silenciosa de los demás.* Sostiene y aguanta la tensión pero no la devuelve. Al contrario, convierte el odio de ellos en curación. Transforma el dolor en vez de transmitirlo.

Cuando Jesús abandona el lugar, se va al cerro a rezar y, después de eso, reúne a su pequeña comunidad de discípulos:

Por aquellos días, Jesús se fue a un cerro a orar, y pasó toda la noche orando a Dios. Cuando se hizo de día, llamó a sus discípulos, y escogió a doce de ellos, a quienes llamó apóstoles. (*Lucas* 6,12–13)

Estar en una situación hostil, verse rodeado de gente que te odia, es una carga muy pesada que afecta muy negativamente a un hombre. Vivir en un ambiente negativo, ya sea en el hogar o el trabajo, debilita el espíritu. Jesús reconoce esto y encuentra una manera de protegerse de la negatividad y de la energía debilitante de la gente tóxica.

Nunca debemos tener miedo de hacer lo mismo. El guerrero sabio (esa parte del hombre que protege sus fronteras de manera apropiada) sale de la fea situación creada por sus acusadores y se aleja de la debilidad espiritual del hombre a quien ayudó, para renovar su fuerza espiritual.

La encuentra, primero de todo, en comunión con Dios. Pero hace que ocurra, en segundo lugar, cuando forma una pequeña comunidad a su alrededor. Les enseñará que hay otra manera de vivir diferente a la que representan los otros dos tipos de hombres. Les mostrará que hay otra manera de entender la realidad de lo que sucede en el mundo y una nueva manera de actuar ante el poder y la parálisis. Recuerda, no creamos nuevas maneras de vivir pensando; pero creamos nuevas maneras de pensar viviendo. Jesús busca soluciones en nuevos estilos de vida y no en nuevas formas académicas.

Jesús forma una comunidad sana de hombres como vida alternativa a las formas disfuncionales en que los hombres generalmente se organizan. La Iglesia supuestamente debió ser la sociedad alternativa, debería ser el 'nuevo orden' de Dios para el mundo. Pero si no puedes encontrar esa energía de Jesús en tu iglesia o parroquia, reúnete con un grupo sincero de hermanos que puedan protegerte y afirmarte en algo más allá de la pasividad (la mano tullida) y la negatividad (los escribas y fariseos). No puedes hacerlo solo.

Yo y el Padre somos uno

> *Le huía noche y día;*
> *a través de los arcos de los años,*
> *y le huía a porfía por entre los tortuosos aledaños*
> *de mi alma, y en la niebla del llanto*
> *de él me escondía.*
>
> —Francis Thompson, "El Lebrel del Cielo"[1]

En el Evangelio según San Juan, cuando habla de su relación con Dios, Jesús recalca que él y el Padre son uno (*Juan* 10,30). Jesús lo repite una y otra vez como si se regocijara en esa relación de Hijo a Padre, y hasta más, como si fuera su identidad básica, su nombre mismo. Creemos que está haciendo publicidad gratuita para sí mismo, pero por supuesto, ¡también está hablando de nosotros! Él es *el icono de todos nosotros.* Él es cada hombre. Jesús cree la paradoja que nosotros solo podemos intuir, desear y esperar –que también nosotros podemos ser a la vez humanos y divinos, hijos de la tierra e hijos del cielo. Y, por supuesto, lo somos pero no lo sabemos. Él lo sabía.

Como hemos visto, sin embargo, la mayoría de los hombres, al igual que Francis Thompson arriba, diría: "Yo y mi padre *no* somos uno". Esta alienación entre hijos y padres es una razón importante por la que muchos hombres son impotentes, o dominantes, en lugar de utilizar serenamente su poder al igual que Jesús.

El poeta estadounidense Robert Bly piensa que esta alienación padre-hijo no siempre ha sido tan intensa como lo es hoy. Aunque no podemos asumir que en el curso de la historia todos los hombres han tenido relaciones armoniosas y sanas con sus padres, él indica muchos factores que sugieren que antes de la revolución industrial la mayoría de los hombres tenían relaciones más íntima que las que ha tenido desde entonces.[2]

Antes de la revolución industrial, observa Bly, los niños crecían cerca de sus padres en las labores cotidianas. Trabajaban en la granja o el negocio familiar junto a sus padres aprendiendo a ser agricultores o artesanos o comerciantes para poder contribuir al bienestar de la familia. Desde el principio de su vida, por lo tanto, los niños crecían sabiendo que eran parte del mundo de sus padres y que eran importantes. No dudaban de su identidad, ni tenían que buscarla, porque ya la tenían. Y no tenían que ganarse la aprobación de la sociedad más tarde en la vida porque ya tenían la aprobación de sus padres que era lo más importante.

En el siglo XIX, sin embargo, los hombres abandonaron las granjas y se fueron a trabajar a las factorías; y en el siglo XX, más y más hombres abandonaron el negocio familiar para trabajar en edificios de oficinas de grandes corporaciones. Por lo general, sus hijos no tenían acceso a ninguno de estos mundos. Nunca vi dónde trabajaba mi padre en las tiendas de Atchison, Topeka o el ferrocarril Santa Fe. Durante el pasado siglo y medio, la mayoría de los jóvenes han tenido que crecer sin el contacto cercano de sus padres y sin saber cuál era su lugar en el mundo de los hombres.

El resultado es lo que he caracterizado como el hambre paternal, o una profunda necesidad de la aceptación y aprobación masculina. Pero el resultado, según Bly, va mucho más allá. Además de la necesidad de una figura paterna, los niños crecen sin las muchas actitudes y percepciones que adquieren espontáneamente cuando maduran en la compañía de los hombres. Al carecer de modelos masculinos, se sienten incómodos en su propio papel como hombres. Sin ver cómo sus padres manejan sus sentimientos, ellos están incómodos con sus propios sentimientos. Sin ver cómo sus padres se relacionan con otros hombres, ellos carecen de independencia y confianza en sí. Tienden a ser o muy sumisos ante la autoridad o la resienten mucho porque, sin haber aprendido cómo confiar y trabajar con sus padres en una relación de continua colaboración, no tienen un concepto sano de lo que es la autoridad.

Yo mismo no apreciaba completamente el efecto que este cambio en la relación padre-hijo ha tenido hasta que me invitaron a dar charlas fuera de Estados Unidos. En las áreas de África que aún son rurales y agrícolas, por ejemplo, me impresionó profundamente la manera en que se comportan los niños que crecen en sus tribus. Aunque tal vez no tengan otras cualidades, por lo general caminan y se comportan con una seguridad en sí mismos que no veo en muchos hombres adultos en nuestra sociedad. Hasta en hombres de 30 o 40 años, la mayoría de los estadounidenses todavía está tratando de llegar a ser hombres, en búsqueda de señales de la hombría en el poder, las posesiones y el prestigio. Pero en el África preindustrial los jóvenes se comportan con la seguridad propia de los hombres porque no tienen que ganarse su valor como es el caso con nosotros. Sus padres se lo otorgan.

Encontré el extremo opuesto en Jamaica, donde la familia y la forma de vida tradicionales han sido destruidas primero por la verdadera esclavitud y luego por la esclavitud económica. En ese supuesto paraíso tropical los hombres son forzados a abandonar sus familias para trabajar como peones o en centros turísticos donde no ganan lo suficiente para poder traer su familia con ellos. Se ven obligados a vivir con otros hombres en chozas de la empresa o en apartamentos destartalados, y solo pueden ir a visitar a sus esposas e hijos en el campo una vez por semana o unas cuantas a veces al mes. Lo mismo ocurre en Sudáfrica.

En Jamaica, durante gran parte de una charla que presentaba podía escuchar un murmullo general de la gente comentando y moviéndose en una asamblea bastante concurrida. Pero, cuando comencé a hablar sobre la importancia del padre para la familia, el ruido se convirtió en un profundo silencio. Me di cuenta de que mis palabras habían afectado a los oyentes de manera profunda. Había nombrado algo que ellos sentían y reconocían muy dentro de sí —el sufrimiento y gran anhelo por un padre. Muy pocos habían crecido con un padre en la casa, un padre que pudiera estar allí cuando lo necesitaran. Todos habían sentido el dolor de nunca haber conocido realmente a sus padres.

Aunque la mayoría de los hombres en nuestro propio país crece sin la presencia fuerte de un padre en su vida, nunca vi lo lejos que un padre ausente puede afectar a una sociedad industrial hasta que visité Japón. Los japoneses son educados, mucho más que nosotros, casi por completo por las madres. La crianza de los hijos se considera el trabajo de las mujeres y algo por debajo de la dignidad del hombre. El resultado es que los jóvenes japoneses crecen en un ambiente dominado por mujeres, especialmente en las grandes urbes.

A los hombres japoneses no les gusta ir a su casa a cenar con su familia. Se quedan en el taller o la oficina hasta tarde en la noche, para mostrar su lealtad a la empresa o al jefe. Su figura paterna es su supervisor, por eso trabajan muy arduamente y dedican largas horas a complacerlo. No se atreven a dejar el trabajo hasta después de que el jefe se ha marchado, y entonces se van a cenar con otros hombres.

En una noche cualquiera en Tokio, los restaurantes están llenos de grupos de hombres reunidos para relajarse de las presiones del día, quejarse y desahogarse y también celebrar cualquier triunfo que tuvieran en el trabajo, en vez de ir a sus casas para estar con sus esposas e hijos. Me parecía tan evidente al verlos, que estaban jugando el papel de padres e hijos unos a otros: dándose confianza y afirmación, elogiando y siendo elogiados, aconsejando y pidiendo consejos. Lo que nunca dieron o recibieron en su casa lo buscaban de otros hombres en el trabajo. Luego, van a los bares para beber saki juntos, o si no a los baños para remojarse y darse baños de vapor con otros hombres. Finalmente, a eso de las 10 u 11 de la noche, comienzan a salir de la ciudad y el metro está lleno de hombres silenciosos y muchas veces borrachos que van a dormir a sus casas. Este vacío de los hombres produce una gran necesidad de conformidad y aceptación por parte de otros hombres. La mayoría de los hombres en Japón se visten igual, con trajes oscuros, y se comportan de la misma manera. El clero es muy similar en Occidente.

Irónicamente, el hombre japonés típico entrega todo su salario a su mujer. Ella le da una cuota para que pueda salir de noche después de que ella separa lo que la familia necesita para vivir. La mujer controla completamente lo que sucede en la casa y ni el esposo ni los niños tienen nada que decir en su mundo. Para mí, esto es un arreglo familiar muy extraño, pero explica mucho sobre el comportamiento de los japoneses y su gran éxito en los negocios. Sin embargo es alimentado en gran parte por la ausencia de un padre en el hogar y su necesidad de encontrarlo en el sitio de trabajo. ¡La compañía confortante de otros hombres hace que gire el mundo japonés de los negocios!

Tiemblo al pensar que nuestra sociedad estadounidense pueda ir en la misma dirección, pero ya se ven señales de que ese es el caso. Los empresarios ejecutivos llegan tarde a sus casas después de que sus hijos están en la cama; se van en viajes de negocios lejos de la familia durante días y semanas a la vez. Los obreros trabajan horas extras o en dos trabajos para ganar lo suficiente, y el problema para sus hijos se empeora cuando ambos padres se ven obligados o deciden irse de la casa para trabajar.

Para complicar el problema de los padres ausentes, los niños con frecuencia aprenden a ver a sus padres a través de la visión de la madre y no por contacto directo. Sin pensarlo, ella les cuenta a sus hijos cómo es su padre en los comentarios que hace cuando no está presente. Los hijos crecen con la idea de que su padre es holgazán ("Nunca hace nada en la casa".), inepto ("Tendremos que llamar a un técnico".), estúpido ("Nunca se enterará".), fracasado ("No gana suficiente dinero".), sin interés ("No tiene tiempo".) y así por el estilo. Cuando está presente, los hijos solo ven al hombre que les ha descrito su madre y nunca reciben su energía o vida inmediatas. Con demasía, él no es nada más que el 'disciplinador' ausente ("¡Espera hasta que tu padre regrese!").

Aunque el cuadro que pinte la madre no sea tan negativo, los hijos nunca podrán conocer a su padre realmente a través de lo que su madre les dice acerca de él. Así como el amor de una madre nunca puede ser conocido cuando te hablan de él, así también el amor de un padre nunca puede ser conocido a menos que se sienta. Y estamos hablando de mucho más que simplemente el amor. Estamos hablando de toda la gama de cualidades masculinas y las energías que sólo pueden ser conocidas directamente, a través de la experiencia. Cuando el padre está ausente, por lo tanto, lo masculino no se puede palpar realmente por lo que es. Especialmente en el caso de los varones, la masculinidad se debe aprender directamente. Lo que se aprende en cambio, es lo masculino *a través del filtro de lo femenino*. Estoy seguro de que eso explica gran parte de la ira en tantos niños varones.

En cada retiro para 'hombres salvajes' que he dirigido, les pido a los hombres que hablen en pequeños grupos acerca de las relaciones con sus padres. Sin excepción, los comentarios de los grupos siempre destacan los mismos dos temas: la ausencia y la tristeza por esa ausencia.

No solo es el padre incapaz de dar un ejemplo saludable a causa de su ausencia, porque aunque esté presente, por lo general no puede dar un ejemplo de religión o espiritualidad a sus hijos, especialmente a los varones. Un sacerdote amigo me dijo que cuando les preguntó a los hombres cuántos podían recordar a sus padres rezando con ellos personalmente, *¡menos de uno por ciento podía!* La religión en nuestra cultura se ha convertido en el departamento de la mujer, y la espiritualidad se ha feminizado. El cristianismo estadounidense está más acerca de pertenecer y de dar consuelo que de hacer, arriesgar y enfrentar. Tampoco Jesús puede proporcionarles un verdadero modelo masculino real, porque estamos tan acostumbrados a ver a

Jesús como Dios que nunca realmente vemos a Jesús como hombre. Incluso tiene el pelo rubio y los ojos azules, y seguramente no tiene un pene.

En *Juan* 10,30 cuando escuchamos a Jesús diciendo: "Yo y el Padre somos uno", inmediatamente lo entendemos en el sentido doctrinal de que Jesús es idéntico a Dios, olvidando por completo que pasaron tres siglos más para que la doctrina de la Santísima Trinidad se formulara y enseñara. No niego que el Hijo es "de la misma naturaleza" (para usar la terminología de la doctrina) que el Padre, pero estoy señalando que el Jesús de los Evangelios no es todavía "la segunda Persona de la Santísima Trinidad", sino primero un ser "totalmente humano" que ha conocido su relación con Dios y confía en ella. Ni siquiera creo que su conciencia humana sabía plenamente que él era "Dios", o todo era fingido. Lucas dice que "creció" en sabiduría, edad y gracia (2,40). Es un hombre que habla sobre su relación con Dios, y lo llamaba *Abba*, papá. Esa no es la imagen operativa o común de Jesús. Estábamos tan ansiosos por hacerlo Dios que nos olvidamos a lo que vino —a revelarnos lo que significa ser plenamente humano y ¡al mismo tiempo divino!

Por lo general encuentro que, para el 80 por ciento de la gente, la imagen operativa que tiene de Dios es una combinación de la imagen de su madre y su padre —para bien y para mal. Si el padre estaba lejos, en primer lugar te supondrás que Dios es distante, si la mamá era manipuladora, asumirás que Dios hace lo mismo y levantarás las mismas defensas, si tu familia era crítica, tu Dios será crítico también. La gracia, por alguna razón peligrosa, siempre toma el camino humilde y lento de construir sobre la naturaleza.

La única manera de salir de este círculo vicioso, por supuesto, es o tener una verdadera relación interior con Dios, que negará todo lo negativo –o confiar en todo lo que Jesús nos comunicó acerca de la naturaleza de Dios. Él corre hacia ti en el camino, perdiendo toda su dignidad para alcanzarte, aun después de haberlo rechazado (*Lucas* 15). Él ni siquiera te avergüenza, sino que te prepara una fiesta, incluso en contra de las quejas de su otro hijo, tu hermano mayor, que todavía está atrapado en la regla del "ojo por ojo". De esta historia que la mayoría de nosotros llama el Hijo Pródigo, hasta los más severos críticos dicen que vino directamente de las enseñanzas de Jesús.

El Dios de Jesús no era solo un padre apasionadamente amoroso, sino lo que el poeta inglés, Francis Thompson (1859–1907) más tarde llamaría el "lebrel del Cielo" que busca al alma con "persecución sin prisa, imperturbable". Este poema ha descrito al Dios de Jesús para buscadores de todo el mundo durante más de cien años. Vamos a terminar con solo los últimos versos, y sé que querrás leerlo en su totalidad. Ha cambiado muchas vidas, e ilustra lo mucho que Dios desea intimidar con cada uno de nosotros:

¿Quién hallarás que te ame? Solamente
yo, que cuanto te pido te he quitado,
para que me lo pidas de prestado
y lo dé misericordiosamente.
Lo que tú crees perdido está en mi casa
levántate, toma mi mano y pasa.

No hay nada mejor que eso.

NOTAS

1. Robert Waldron, *Poetry as Prayer* (Boston: Pauline, 1999). Este pequeño libro es un comentario acerca de la oración "El lebrel del Cielo", pero se puede encontrar el poema en muchas colecciones de poesía inglesa y religiosa. Esta versión en español está basada en la atribuida a Carlos A. Sáenz.

2. Robert Bly, *Iron John* (Reading, Mass.: Addison-Wesley, 1990).

DIECISÉIS

Los hombres salvajes de la India

No hay ateos en la India.

—Aforismo

Fue preciso para mí ir a la India para encontrar una cultura que aprecia y entiende al hombre salvaje y al hombre sabio. No estoy sugiriendo que todos los varones en la India, necesariamente, se disponen a recorrer el camino que voy a describir, pero hasta recuerdo haberlos visto en una ilustración en la ventana de una iglesia en el sur de la India. Forman parte del patrimonio y el conocimiento cultural. La tecnología y el pensamiento occidental han hecho incursiones en la cultura tradicional de la India, y como en todas partes, la están socavando, pero aún así hay un modelo idealizado para todo el camino de la vida, que es muy diferente a nuestro concepto de adquirir información durante la infancia en las clases de catecismo los domingos y luego "crees" en ello –a este nivel– por el resto de tu vida.

En la India se entiende la vida de un hombre en cuatro etapas clásicas. La primera es la etapa del discípulo. Cuando un niño de una casta superior llegaba a los primeros años de su adolescencia, históricamente se iba de aprendiz con un gurú cuya tarea era enseñar a los niños a su cuidado lo que la cultura y la religión enseñan sobre la vida y sus misterios. Le enseñaba las costumbres indias y las escrituras hindúes, y aprendían la disciplina y el autocontrol a través de la meditación y el yoga, es decir, la mente y el cuerpo.

La segunda etapa es la del cabeza de familia. Cuando un joven está en edad de casarse, sus padres organizan su boda y se establece para criar una familia y ocuparse de un negocio. Podría convertirse en agricultor, artesano o comerciante, o incluso intelectual, administrador u oficial del ejército. Hoy podría convertirse en un profesional en el sentido occidental: médico, abogado, profesor, contable, etc. Se espera no sólo que mantenga a su familia inmediata, sino también que juegue un papel en su familia más amplia y contribuya al bienestar de su comunidad en general de cualquier manera que su tiempo y talento se lo permitan. La cultura tradicional de la India está orientada a la familia y también al bienestar cívico.

La tercera etapa es la del buscador. Considerando que tendemos a hacer de las ocupaciones como cabeza de familia y los negocios el foco principal e incluso el objetivo final de la vida, los hombres de la India lo ven como un período de transición que lleva simplemente a lo que podría confundirse como la jubilación anticipada, porque puede comenzar tan pronto como el hombre ha contribuido lo suficiente para que sus familiares puedan vivir sin él. En general, esto es cuando sus hijos están trabajando y contribuyen un salario, habiéndose convertido en cabezas de familia, liberándolo para que pase a la siguiente etapa en la vida. Muy a menudo comienza alrededor del momento en que nacen los primeros nietos.

El buscador se llama a veces el "habitante del bosque". No es que todos los buscadores se van a vivir al bosque, pero a menudo se alejan para estar solos. Podríamos pensar en ellos como el equivalente hindú de los monjes, a pesar de que no se unen a una orden religiosa ni van a un monasterio. Hasta podrían seguir viviendo en la casa familiar, pero apartados de los demás, y ya no son los que toman las decisiones. Después de años de haber vivido, ahora están en condiciones de comenzar a entender la vida, de buscar lo que es el gran sentido de la realidad, por así decirlo. Leen las Escrituras, meditan y hablan con los gurús, tratando de comprender el significado de la vida.

En comparación con esta visión de la vida en la India, la nuestra es terriblemente miope. Cuando llegamos a un puesto de trabajo o entramos a una profesión, buscamos nuestro propio bienestar material, o en el mejor de los casos el bien de nuestro núcleo familiar inmediato. No necesariamente lo vemos como un medio para encontrar nuestra "alma" ni para descubrir el sentido más amplio del mundo. Para el Oriente, parte de este instinto, probablemente se remonta a la vida del Buda, quien desobedeciendo las órdenes de su padre, salió de las puertas protectoras de su palacio y descubrió el dolor del mundo. Por ese motivo, sintió resentimiento hacia su padre por no haberle dicho nada sobre esto, y fue el comienzo de su conversión.

Por supuesto, Jesús hizo algo similar cuando deliberadamente dejó a sus padres a la edad de doce años para estar "en la casa de su Padre". Nunca se disculpó con ellos por esto, aun después de la corrección y la preocupación de su madre (*Lucas* 2,41-52). Es, de hecho, la única historia que tenemos de su juventud, y es en muchos aspectos el clásico comportamiento de una iniciación. La próxima vez que oímos hablar de él es cuando se autoinicia a la edad de treinta años con la "búsqueda de su visión" durante los cuarenta días en el desierto. Es solamente después que encuentra su función, su ocupación, su imagen de hombre público, todo ello basado en su experiencia de ser "el Hijo amado".

El ideal de Occidente de la vejez y la jubilación es más bien individualista e incluso, aunque muchos van más allá a través del servicio y el trabajo como voluntarios, en grupos como *Elderhostel* [nota de trad., grupo que educa a personas mayores mediante viajes; en 2010 cambió de nombre a *Road Scholar*], los retiros espirituales y el estudio. Pero muchos se mudan lejos de los niños, sus padres y la comunidad que les dio la vida por tantos años a alguna idealizada "Ciudad del Sol" [nota de trad., referencia a Sun City, Arizona, donde muchos estadounidenses van después de su jubilación]. Después de haber participado en la "carrera de ratas" (*the rat race* = constante ajetreo) durante tanto tiempo, tal vez no lo disfrutaste, y ahora por fin tienes la oportunidad de estirarte, relajarte y no hacer absolutamente nada. Alternativamente, lo puedes ver como una oportunidad para desarrollar tu swing de golf, para comenzar ese pasatiempo favorito que siempre deseaste o para arreglar el sótano, ahora que tienes tiempo para hacerlo tú. Todas estas actividades son muy importantes, sin duda, pero sólo desde un punto de vista. Nada en esas actividades personales toma en cuenta el crecimiento intelectual, el interés en los demás, la transmisión de la sabiduría o la búsqueda más profunda de Dios y la verdad.

¡Pero en la India, todavía queda una etapa más! La cuarta y última etapa del desarrollo espiritual del hombre en la India es la del sabio o el santo. Después de haber tratado de comprender el significado de la vida, después de haber entrado en la visión global, sus misterios se le revelan, ha de esperarse, a los sesenta o setenta años. Toda la vida fue una preparación para eso. Ahora está en condiciones de ser una especie de gurú mismo, no necesariamente como maestro profesional, sino como un hombre que podría ser buscado para compartir sus sabios consejos. Ha experimentado todo –juventud y madurez, masculinidad y feminidad, salud y enfermedad, lo bueno y lo malo, sociedad y soledad, pruebas y fracasos, banquetes y hambre, actividad y silencio, vida y muerte– y ahora puede unificarlo todo en un conjunto con significado, tanto para él como para cualquier persona que busca su sabiduría.

Tristemente debo confesar que no veo mucha comprensión de estas etapas en la religión cristiana, a pesar de que Jesús fue un ejemplo claro de muchos aspectos de ellas, condensados en sus treinta y tantos años. Al afirmar la divinidad de Jesús demasiado rápido, generalmente hemos evadido lo que nos presentaba como ejemplo y nos enseñaba acerca de nuestra humanidad. Por supuesto, él no se casó, vivió muy sencillamente, se fue al desierto, se convirtió en un maestro de sabiduría alternativa, y todo porque era Dios, a pesar de que lo uno no es continuación de lo otro. Tal vez tenemos que considerar que lo primero que nos enseña Jesús es cómo ser humanos y cómo vivir en este mundo, en vez de cómo "ir al cielo". La palabra misma "iniciación" nos revela el prejuicio necesario. La preocupación era cómo entender *el inicio* correctamente, y entonces la vida y la eternidad seguirían lógicamente. Nos hemos preocupado para que el final sea correcto, y no sabemos por qué. "En caso de accidente, por favor llame a un sacerdote", dicen nuestras medallas católicas. "Ahora y en la hora de nuestra muerte; amén", rezamos.

A veces me pregunto si lo que Jesús quiso decir por "discípulo" (uno que se deja enseñar) ¡era simplemente un *adulto*! Todo aquel que haya pasado por las etapas de crecimiento, desprendimiento, entrega y haya aprendido a vivir según su verdadero yo. Si puedes de vez en cuando deshacerte de todas las connotaciones piadosas, podrás ver que un creyente no es más que un adulto que ha dejado de odiar, culpar, transmitir muerte y negatividad. Se han convertido en estaciones transmisoras de vida. Dejan que todo les enseñe, incluso en la vejez. Eso es un discípulo de Jesús, a mi manera de entenderlo. La religión transformadora es siempre mucho más sobre el *ahora* que sobre el futuro.[1] Cómo haces algo es, finalmente, cómo lo haces todo. Cómo te relacionas es cómo te relacionas con tu trabajo, tu familia, los animales, la naturaleza, el momento presente y Dios. Otros maestros ya lo han dicho: "Si estás aquí ahora, entonces estarás allí". Si puedes estar presente para el amor y la vida ahora, estás listo para el cielo. Si no sabes cómo estar presente, ¿cómo podrás estar listo para la Presencia Real? Si no puedes ver lo bueno, lo verdadero y lo bello ahora, ¿cómo sabrás disfrutar de la "Visión Beatífica"? Si no puedes permitir el beatífico abrazo de Dios ahora, ¿qué te asegura que lo podrás hacer mañana, cuando te mueras? Lo que eres ahora, lo que eliges ahora, a qué le dices sí ahora, es lo que vas a ser para siempre.

En mi opinión, cualquier cultura o religión que enseña a vivir ahora atenta y cuidadosamente te está preparando para la eternidad. Cualquier religión que te enseña a evitar, a temer o a negar te está preparando para el infierno, un infierno que ya ha comenzado.

NOTA

1. Thomas Keating y Richard Rohr, *"The Eternal Now: and how to be there"*. Conferencia grabada, 2004 (Center for Action and Contemplation, Box 12464, Albuquerque, NM 87195).

Juan de Hierro

A pesar de que el hombre salvaje como un arquetipo masculino ha desaparecido en gran parte de la cultura occidental, no tenemos que remontarnos muy atrás en nuestra historia para encontrar sus rastros. La clásica historia que utilizan los grupos de hombres de hoy es una de los cuentos de hadas de Grimm: la historia de Juan de Hierro o *Eisenhans*, como se le llama en alemán. Este es un resumen del cuento.

* * *

Había una vez un rey que tenía un gran bosque junto a su palacio, poblado de caza de toda especie. Un día envió a un cazador con encargo de matar un venado, pero el hombre no volvió. "Quizá le ha ocurrido una desgracia", dijo el rey y envió al día siguiente a otros dos cazadores para buscarlo, pero tampoco volvieron. Al tercer día mandó a llamar a todos sus cazadores y les dijo: "Recorran todo el bosque y no regresen hasta que hayan encontrado a los tres hombres desaparecidos". Pero tampoco regresó ninguno de éstos ni se volvió a ver a los perros de la jauría que habían llevado con ellos.

Desde entonces nadie se atrevió a ir por aquel bosque ni tampoco vieron nada que se movía excepto de vez en cuando un águila o halcón que volaba por encima. El bosque se quedó silencioso e inmóvil.

125

Así pasaron muchos años hasta que un día se presentó ante el rey un cazador forastero quien le preguntó si podía cazar en el bosque real. Pero el rey, acordándose de lo que les había sucedido a los hombres desaparecidos, no quería dar su consentimiento. Y le dijo: –Temo que si vas al peligroso bosque que no tengas mejor suerte que los otros y no regreses con vida. El cazador contestó: –Señor, no conozco el miedo. Con mucho gusto le daré la cara al peligro.

Y el cazador se internó con su perro en el bosque. No pasó mucho tiempo y el perro detectó el olor de un ciervo y se fue tras él: el perro corrió delante, apenas había avanzado unos pasos, se encontró ante un profundo charco y titubeó antes de querer cruzarlo. De repente, un brazo desnudo salió del agua, agarró al perro y se sumergió con él.

Cuando el cazador vio esto, regresó corriendo al castillo y consiguió tres hombres para que lo ayudaran a vaciar el agua del charco con cubos. Trabajaron muy arduamente por muchas horas y según las aguas oscuras comenzaron a bajar, vieron a un hombre de aspecto salvaje acostado en el fondo. Su cuerpo estaba cubierto de una piel bronceada, como de hierro oxidado. El cazador y sus ayudantes lo ataron y lo arrastraron hasta el palacio donde se asombraron mucho de su aspecto. El rey mandó a meterlo en una jaula de hierro situada en el patio del palacio y prohibió abrir la puerta de la jaula bajo pena de muerte, confiando a la reina en persona la custodia de la llave. A partir de entonces todo el mundo podía ir de nuevo por el bosque sin ningún peligro.

El rey tenía un hijo de ocho años, y cuando jugaba un día en el patio, su pelota de oro rebotó en la jaula.

—Dame mi pelota, dijo el muchacho.

—Antes tienes que abrirme la puerta, respondió el prisionero.

—No, dijo el muchacho, esto no lo haré. El rey lo ha prohibido, y se marchó corriendo.

Al día siguiente volvió de nuevo y reclamó su pelota. El hombre salvaje contestó:

—Ábreme la puerta. Pero el muchacho no quiso.

Al tercer día, el rey se fue de cacería. Volvió otra vez el niño y dijo:

—Aunque quisiera no te puedo abrir la puerta porque no tengo la llave. Entonces contestó el hombre salvaje:

—Está debajo de la almohada de tu madre, allí la puedes buscar.

El muchacho, que quería recuperar su pelota, sin pensarlo más fue a buscar la llave.

La puerta se abrió con dificultad y el joven príncipe se pinchó el dedo al tratar de abrir la pesada puerta. Tan pronto como la puerta se abrió, el hombre salvaje salió, le dio al niño su pelota de oro y comenzó a alejarse a toda prisa. Pero al muchacho le entró miedo y llorando lo llamó:

—¡Hombre salvaje, no te vayas! Si te escapas me castigarán. ¡Por favor, no huyas!

Y al oírlo, el hombre salvaje se dio la vuelta y regresó. Levantó al niño, lo cargó en sus hombros y corriendo se lo llevó al bosque.

* * *

¿Qué interpretación se puede dar a este cuento? Al igual que tantas otras fábulas y mitos es en realidad una alegoría con un gran significado oculto. Es exactamente el tipo de historia que los psicólogos de profundidad con frecuencia analizan tomando los personajes y sus acciones como símbolos de lo que está pasando en el interior de una persona a pesar de que la persona puede estar completamente consciente de ello. En este caso particular, sin embargo, la historia no es el sueño personal de alguien, sino un mito cultural que representa algo en lo que Carl Jung y otros han llamado el inconsciente colectivo. Desde esa perspectiva, es claramente una historia sobre el hombre salvaje que todos llevamos dentro.

Vamos a examinar el simbolismo paso a paso.[1]

En primer lugar, los cazadores del rey desaparecen sin dejar rastro. A pesar de que envía a otros a buscarlos, el rey no hace la pregunta que realmente debe hacer, es decir, ¿cuál es la causa de que los hombres se pierdan? Como la mayoría de nosotros, el rey se aparta de su problema en lugar de enfrentarlo. En este caso, el problema, obviamente, tiene algo que ver con la pérdida de hombría o virilidad. Abandona el bosque, que es la parte de su vida que tiene el problema, sin molestarlo. Todo parece estar en paz y tranquilidad, pero el peligro, de hecho, no ha desaparecido.

El único con valor para enfrentar el peligro es el extranjero quien descubre dónde se oculta la causa del problema del rey. Pide ayuda, y con gran trabajo él y los demás vacían el agua del estanque profundo. El extranjero representa una cierta voluntad de examinar el área del problema, pero el rey, al mismo tiempo representa la resistencia a la idea. Los hombres con cubos se meten en el charco oscuro del inconsciente, pero solo con gran esfuerzo descubren esta misteriosa región, con el fin de llegar al fondo de las cosas.

Lo que encuentran es un hombre grande, peludo, desnudo. Lo atan y lo llevan de regreso al castillo, donde la gente está fascinada por la energía bruta del hombre salvaje. Sin embargo, el rey no sabe qué hacer con esta fuerza incontrolable y aterradora, por lo que encierra al hombre salvaje donde no pueda hacerle daño a nadie. Con esto, el rey vuelve a sus viejas ocupaciones, como si nada hubiera ocurrido.

Muy simbólicamente, sin embargo, la reina tiene la llave de la jaula del hombre salvaje, la mujer tiene el poder de liberar su energía o, como en este caso, para mantenerlo encerrado.

En la escena siguiente viene el joven príncipe. Con ocho años comienza la edad de la razón, la primera evasión de la inocencia infantil. También juega con su pelota de oro. En la mitología, la pelota de oro es a menudo un símbolo de la totalidad. Así que el niño en su inocencia se encuentra cara a cara con el hombre salvaje de su padre que, debido a que el niño es el hijo del rey, es también su propio hombre salvaje. El niño quiere su plenitud, pero la única manera de conseguirla es dejando salir al hombre salvaje.

Juan de Hierro le dice que la llave de todo está bajo la almohada de la reina porque, como hemos visto, el camino hacia el hombre salvaje es a través de una correcta relación con lo femenino, no demasiado lejos ni demasiado cerca. El niño tiene miedo de lo que podría pasarle si deja salir al hombre salvaje, pero su deseo de plenitud lo impulsa de todos modos a meterse a escondidas en el dormitorio de su madre para robar la llave.

¿Qué interpretación se puede dar a esto? Yo lo tomo como símbolo de la ambigüedad de lo femenino en la mayoría de nuestras vidas. Por un lado, el hombre salvaje encerrado dentro de nosotros nos está diciendo que su fuerza increíble es accesible entrando en el espacio de lo femenino, sin embargo, muy a menudo la mujer que nos puede llevar a ese espacio nos quiere impedir entrar en contacto con el hombre salvaje. Rebeca temía tanto a su hijo cazador peludo, Esaú, que lo traicionó para beneficio del amable Jacob (ver *Génesis* 27). Esto no es un problema nuevo.

En mi propia vida, tengo que admitir, que esa mujer es mi madre. Desde el comienzo de mi ministerio, cuando mi madre se enteró de que yo participaba en cosas extrañas, como las misas carismáticas o protestas contra la guerra, ella me llamaba y me reprochaba por tratar de ser diferente. ¿Por qué no puedo ser el sacerdote bueno, dócil que ella había querido que fuera su hijo?, siempre me pregunta. Es muy difícil resistirse a esas voces maternales que no comprenden o no apoyan la toma de riesgos.

A menudo veo lo mismo en las vidas de otros sacerdotes, no solo refiriéndose a sus madres, pero en lo referente a "nuestra santa madre Iglesia", como solíamos decir. La santa madre no quiere que sus hijos sean diferentes; no quiere que hagan nada que pueda alterar las cosas o empañar la imagen de la familia, incluso si lo están haciendo para promover el Evangelio, que es supuestamente la función principal de la Iglesia. En la mayoría de los ritos de pubertad para varones, el joven debe separarse de su madre. Si piensas que esto es extraño o innecesario, considera la acción de Jesús a los doce años en el templo (*Lucas* 2,41-52).

Podemos imaginarnos el temor del niño a su regreso del dormitorio de la reina con la llave. ¿Se lo comerá el hombre salvaje? ¿Será castigado por sus bien intencionados pero posesivos padres? Venciendo sus dudas, el joven abre la pesada puerta, sufriendo una herida pequeña al hacerlo. El hombre salvaje nunca sale afuera sin dolor, sin embargo, nunca éste es tan fuerte como lo temíamos.

Una vez que el hombre salvaje sale de la jaula, es sorprendentemente bondadoso. No devora al joven y le devuelve la pelota, como se lo había prometido. Entonces, cuando el hombre salvaje comienza a correr fuera, el niño empieza a temer a sus padres otra vez, por lo que el hombre salvaje regresa y se lleva al muchacho sobre sus hombros.

En la escena final, el muchacho –el inocente, curioso pero valiente muchacho en cada uno de nosotros– se hizo amigo del hombre salvaje, cuya poderosa energía ahora lo lleva. ¿A dónde? Al bosque. Pero, ¿qué hay en el bosque? El cuento termina con ambigüedad.

¿Debemos pensar que el niño se convierte en un hombre salvaje como Juan de Hierro, al acecho en un estanque de barro para devorar a los transeúntes desprevenidos? Prefiero pensar que la pareja, ahora unidos, son diferentes de lo que cada uno de ellos fue por separado. El niño sentado en sus hombros se ha convertido en los ojos y la visión del hombre salvaje, y el hombre salvaje se ha convertido en la energía masculina del joven, la energía que su padre nunca le dio.

Juntos van a la aventura en el bosque –y probablemente más allá.

Es realmente una gran y muy reveladora historia, que seguramente surgió de nuestras profundidades humanas y de nuestro deseo masculino. Veo por qué Robert Bly casi lanzó todo el movimiento secular de hombres con solo contar esta historia, y contarla bien.

NOTA
1. Bly, *Iron John*.

Enfrentamientos y retiros

Los retiros son algo bueno. Es bueno alejarse de todo, encontrar un poco de tranquilidad, buscar a Dios, a nosotros mismos y la verdad de las cosas. Necesitamos ese tiempo lejos de las exigencias y las distracciones de nuestra rutina diaria, para poder entrar en ese espacio en el que simplemente podemos ser, reflexionar y contemplar. Si nunca hacemos un retiro, podría ser que nunca encontremos nuestro centro. Parece que tenemos que retirarnos periódicamente de los negocios de costumbre, de todos nuestros roles y beneficios recibidos usuales, para ver las cosas con claridad. Los retiros son buenos para desprenderse del ser superficial e ir al ser más profundo.

Para algunas personas, sin embargo, hacer retiros y tomarse unas vacaciones se ha convertido en una forma de vida. Pero uno nunca está seguro de qué se está alejando exactamente y hacia dónde se dirige. Cuando el mundo se vuelve demasiado para ellos, hacen un retiro, que no es una mala idea. Cuando sus amigos van a un retiro, ellos van también. Cuando un nuevo director espiritual llega al pueblo, están ansiosos de escuchar lo que él o ella puede ofrecer. Cuando no tienen nada más que hacer, van a otro retiro. Se sienten bien yendo. Lo siente como el cambio regular de aceite, pero no es evidente que haya un nuevo motor. Ese retiro a menudo es informativo o una cirugía estética, pero rara vez transformativo –no un retorno a su verdadero yo en Dios, ni un retorno a "la cara que tenían antes de nacer" [nota trad.: frase que usan los maestros zen para exhortar a sus seguidores a encontrar su verdadero yo].

Después de haber visto gente como esta ir y venir una y otra vez, algunos directores espirituales que conozco han hecho una regla: las únicas personas con las que van a trabajar son aquellas que participan en algún tipo de trabajo de servicio o como voluntarios para los demás. Han llegado a la conclusión de que *aquellos que nunca salen más allá de su yo entre retiros, no salen de su yo durante los retiros.* En nombre de ir en búsqueda de Dios, esos entusiastas de los retiros a menudo van huyendo de Dios. Estaban metidos en cosas religiosas, cosas de iglesia y prácticas piadosas, pero en realidad no estaban en el camino en sí. Algunos directores de retiros no quieren apoyar ninguna adicción al ensimismamiento, al camuflaje y a la evasión de los verdaderos problemas. La piedad, muy a menudo, la usamos como tapujo.

Creo que una mejor norma sería que por cada retiro en tu vida, también debe haber por lo menos un 'enfrentamiento'. Debe haber algo a lo que te has enfrentado cara a cara, algo con lo que has luchado, algo que has tratado de hacer en el mundo. Si has enfrentado alguna dureza en la sociedad, algún mal en el mundo, cierta intransigencia en la iglesia, entonces tienes una razón para retirarte y recuperar tu fuerza interior. Una gran cantidad de energía espiritual se esconde en varios lugares únicos: la soledad, el silencio y el miedo. Puedes encontrar esa energía yendo allí y permaneciendo allí.

Thomas Merton dijo una vez en una reunión de abades cistercienses que deberían dejar de aceptar a cualquier candidato para sus monasterios que no hubiera sobrevivido al menos una crisis espiritual y salido de ella positivo y esperanzado. De hecho, sentía que era tan importante en esta era en que se protege a los jóvenes de todas las crisis, que él incluso sugería ¡que los abades 'fabricaran' una crisis espiritual para cada novicio, para ver cómo se enfrentaba a ella, antes de que lo aceptaran! Merton era un genio. Eso es probablemente el propósito de las viejas historias de abades que asustaban o escandalizaban al candidato, o lo dejaban a la puerta durante varios días sin hacerle caso. ¿Qué podemos esperar ahora, cuando en realidad hasta le pagamos sus pasajes de avión para venir a visitar el monasterio? Los "retiros" cómodos sin ningún tipo de prueba en el mundo real "de enfrentamientos" son sin duda un artificio para la mediocridad espiritual e incluso la falsedad.

Yo diría que si únicamente piensas en Jesús, "crees" a Jesús y crees cosas acerca de Jesús, no va a suceder mucho que sea nuevo. Es el riesgo de "actuar" como Jesús actuó lo que reconfigura tu alma. Lo que nos convierte son las circunstancias nuevas mucho más que las ideas nuevas. O como me gusta decir, *no pensamos nuevas maneras de vivir; pero vivimos nuevas manera de pensar.* Saber y no actuar no es saber. La realidad y las circunstancias, las inevitables circunstancias, son normalmente las que nos convierten. La realidad es la mayor aliada de Dios. Son las cosas con las que no puedes hacer nada –las cosas inútiles– y las cosas sobre las que no puedes hacer nada –las cosas necesarias– ¡las que tienden a hacer algo contigo!

En mi vida he dado cientos de retiros y miles de sermones. Yo sé que cuando hablo, la gente a veces saca nuevas ideas y a veces hasta se siente inspirada. Pero frecuentemente no se convierten, no cambian realmente. Para eso hace falta algo más que palabras. Lo que convierte a la gente son las situaciones de la vida real. Lo que cambia a la gente son los enfrentamientos, mirar directamente a la cara algo que no quiere enfrentar, o mirar la vida desde un punto de vista nuevo. Observa tu punto de vista desde una perspectiva sincera. Cambia tu punto de vista de vez en cuando, y ponte otro par de zapatos mirando hacia ti mismo. ¿De qué otra manera te vas a liberar? Esto es indispensable para la empatía humana. Es necesario, o si no permanecemos en gran medida narcisistas y atrapados en nuestros propios egos y culturas. Este es probablemente el principal significado de la peregrinación religiosa, que requiere que te alejes de casa.

Cuando creé el Centro para la Acción y la Contemplación en Nuevo México en 1987, la gente bien intencionada me preguntó si no había puesto las palabras en el orden equivocado. ¿No debe venir primero la "contemplación"? me preguntaron. No, fue una decisión deliberada, les dije. No tenemos nada que contemplar, hasta que hayamos actuado e ido más allá de nosotros mismos, y fuera de nuestra zona cómoda. Vamos a ver todo a través del mero interés propio. Es una danza, sin embargo, un *foxtrot* divino, un paso atrás y otro hacia adelante entre la acción y la contemplación. Es una forma de arte que toma toda una vida para perfeccionarla, hasta que finalmente estás muy ocupado *actuando* con plena conciencia de la unión con Dios, y estás *contemplando* mientras sostienes, cargas y transformas el dolor del mundo en tu interior.

Durante gran parte de nuestra vida católica nos advirtieron que evitáramos las ocasiones próximas de pecado. En vez de eso tal vez deberíamos pensar en "ocasiones próximas de gracia". Tenemos que ponernos en situaciones en las que nos vemos obligados a dar un giro completo. Eso es lo que básicamente significa la conversión: dar una media vuelta. Como mínimo, tenemos que salir de nuestro "mundo supradesarrollado" y enfrentar el oscuro submundo de pobreza en el que flota. Tenemos que ver, no sólo cómo vive la otra mitad, pero más bien cómo el otro 90 por ciento de la gente en el mundo se ve obligada a vivir.

Cada punto de vista es una visión desde un punto dado. Y tu punto de vista depende del punto donde te encuentras. Si estás parado en la parte superior de la pila, no puedes ver, sentir ni vivir la vida tal como es en la parte inferior. Los de arriba pueden darse el lujo de ser conservadores. Han triunfado ya, por lo que en realidad no sienten necesidad de cambio ni reforma. No ven la necesidad ni las dificultades. Tienen el poder, y lo usan para preservar y defender. Tienen tiempo libre, y por eso se entretienen con la religión y yendo a retiros.

Los de abajo no se pueden dar el lujo de ser conservadores. Tienen que impulsar el cambio. Tienen que hacer que sucedan cosas nuevas. Tienen que enfrentarse a la realidad que les han entregado los trabajos sin salida, las viviendas en mal estado, la delincuencia en las calles, las drogas en las escuelas– y enfrentarlos. Si no quieren ser aplastados por esa realidad, tienen que luchar contra ella. Tienen que luchar por la liberación. Pero, por supuesto, también puedes quedarte atrapada abajo –con amargura, codicia y rabia. Incluso el hombre pobre tiene que hacer un esfuerzo para estar en posición de responsabilidad y autoridad, o si no hay algo que él tampoco comprende. No hay una posición estructural que sea naturalmente iluminada. En igualdad de condiciones, *la vista desde el lado del sufrimiento es la posición privilegiada del Evangelio,*[1] pero a veces los de arriba aprenden más de la experiencia del sufrimiento que los de abajo, quienes solo luchan contra él.

No nos convertimos nosotros mismos. Todos somos convertidos—
por el empuje y tirón de lo real– y generalmente a pesar de nosotros
mismos. Dios lo hace. Nosotros lo permitimos.

Nota

1. Richard Rohr, *'The Bias from the Bottom'* [La inclinación de los de abajo].
Conferencia Grabada (Center for Action and Contemplation, Box 12464,
Albuquerque, NM 87195).

DIECINUEVE

La sexualidad masculina y el amor de Dios

"Tuve miedo y me escondí, porque estaba desnudo", dijo Adán.
'¿Quién te hizo saber que estabas desnudo?', el
Señor Dios le preguntó.

—*Génesis* 3,9–10

Recientemente, una joven me dijo que iba a romper con su novio, y cuando le pregunté por qué, me dijo que porque él nunca hizo nada por su cuenta. Nunca tomó la iniciativa, ni en su relación ni en otros aspectos de su vida. Siempre fue un seguidor nunca un hacedor, nunca era proactivo en nada. Ella era la que siempre tenía que sugerirle qué hacer y a dónde ir. Siempre era atento y cariñoso, considerado y cooperador, pero nunca se le ocurrió una idea nueva y le pidió que lo siguiera. Poco a poco le perdió el respeto como hombre, y al final, le llegó a tener lástima. No tenía la energía masculina para motivarla y dinamizar la energía de ella.

Conozco a bastantes mujeres que les tienen lástima a sus maridos. No los pueden admirar, porque nunca hacen nada para despertar la admiración de sus esposas. Esos hombres van a trabajar y regresan diligentemente a casa todos los días. Sacan la basura y hacen lo que las esposas les piden que hagan, pero hasta allí llega su energía. No tengo ni idea de cómo los hombres se comportan en la cama, pero sospecho que no sorprenden a sus esposas allí tampoco. Tal vez la iniciativa de los hombres ha sido destruida o expulsada de ellos, pero no está allí. Por eso sus esposas los aman, pero no los respetan, y es probable que sus hijos también estén decepcionados de ellos. Los hijos varones, especialmente quieren que los padres los lleven a mundos nuevos, diferentes y estimulantes, no solo que construyan cercas protectoras a su alrededor.

Algunos creen, como yo también, que la biología es destino. Nuestro significado está en parte codificado dentro de nuestro cuerpo, nuestros genes, nuestra forma y nuestra corporeidad. En ningún aspecto es esto más cierto que en nuestra sexualidad. La manera en que amamos es, al fin y a la postre, lo que somos. Arquetípicamente para los hombres, tiene algo que ver con ser el portador y el sembrador de las semillas. Para las mujeres, significa recibir, proteger y nutrir lo que se siembra. Sé que algunos no estarán de acuerdo conmigo aquí, en particular, algunas ramas del feminismo, pero les pido que me permitan explicarlo.

No estoy diciendo que los hombres no tengan necesidad de cultivar lo que han creado, ni que las mujeres no tengan ninguna capacidad de crear o de plantar las semillas. Pero creo que hay una urgencia biológica y una comprensión primordial que nace de lo que está escrito en nuestros cuerpos como hombres y mujeres. Para mí, no es más que el principio de la encarnación. La Palabra se ha convertido en nuestra carne también, y esa carne anhela expresarse en palabras también. Nada está inscrito más hondamente en el alma masculina que el generar vida en otros. Eso es probablemente la razón de por qué el coito es una necesidad tan fuerte e implacable en el varón. No es que tenga un prurito sexual exagerado, sino que es la forma en que Dios lo ha codificado para la relación y el encuentro. De lo contrario, muchos hombres se quedarían solitarios y autosuficientes. Seamos francos, todo hombre está orgulloso de su pene erecto, pero tal vez, por extraño que parezca, debe meditar en él y ver lo que le está diciendo acerca de su naturaleza más profunda. Demos una mirada a nuestros órganos genitales como una metáfora de la virilidad. No tengas miedo, como lo tuvo Adán.

El pene masculino es, en primer lugar, blando y duro. Ese es su primer mensaje. En nuestra vida hay un lugar apropiado para ambas cosas, la vulnerabilidad y la fuerza, el dejarse llevar y la firmeza. La sabiduría estriba en saber cuándo, dónde y cómo. El pene masculino no es un arma o una herramienta simple, pero es un medio para hacer contacto, literalmente 'extenderse hacia' el otro, pero no para herir o invadir, sino para dar placer y deleite –¡mutuamente! Es el sembrador de la semilla, el dador de vida, que disfruta y lo disfrutan. No solo yo, y no solo la otra persona, pero ambos a la vez. ¿No es una metáfora ideal para lo que todas las relaciones humanas deberían ser? Y tal vez incluso de lo que la moral debe ser. Apuesto a que nunca se te ocurrió que podías aprender eso de tu cuerpo masculino.

Juan Duns Escoto, a quien he mencionado antes, enseñaba que la perfección de un acto moral, no se encontraba empujándolo hasta lo máximo, en la "desinteresada" escala (que es la forma de la moral en la que se ha formado gran parte de Occidente, y contra la que casi todo el mundo reacciona, porque es imposible en un 99.9 por ciento del tiempo). Con su habitual sabiduría sutil, por lo que la Iglesia le puso por nombre 'El Doctor Sutil', Escoto dice que la perfección de un acto moral se halla en encontrar el equilibrio adecuado entre el enfoque hacia dentro y el enfoque hacia fuera, lo que él llama los "dos afectos naturales" o deseos metafísicos.[1] La caída de Satanás, enseñaba Duns Escoto, no fue solo por mero amor propio, porque cierto grado de éste es obligatorio y necesario, sino por el *¡amor propio desordenado!* ¡Qué diferente pudo haber sido la historia de la moral cristiana, si nos hubieran enseñado esto! Es el equilibrio entre el amor a sí mismo y el amor de la otra persona lo que crea la integridad moral, al igual que en el verdadero acto de hacer el amor. Es la protección de mis propios fronteras, y al mismo tiempo ir más allá de ellas por el bien del otro. Eso es algo muy bueno, que incluso la gente sencilla puede comprender y aprovechar.

La cuestión es, como el Oriente y la mayoría de las religiones nativo americanas siempre han intuido, buscar *la armonía y el equilibrio* en lugar de la mera obligación y la exigencia moral. La mayoría de la gente estaría dispuesta a tratar de hacer eso, mientras que el ideal del "desinterés total" solo hace salir el tiro por la culata e irónicamente solo consigue que muchos cristianos en realidad sean muy egoístas. Básicamente, desisten de seguir el Evangelio, creyendo que les está pidiendo ser mártires cada minuto. Aquí estoy aplicando lo mismo a la sexualidad. ¡Qué diferente y humanizante habría sido el punto de partida, en lugar del punto de partida tan limitado y legalista que se nos dio a la gran mayoría de nosotros: "todo acto de placer sexual fuera de los actos heterosexuales abiertos a la procreación es un pecado". Esa actitud negativa no ha traído a muchas personas, tal vez a nadie, más cerca del amor de Dios. Un "no" por sí solo no es sabiduría. No es más que un marcador de límite de la primera etapa. Es un contenedor para dirigirte a la verdadera lucha, pero no es el contenido.

Pero vayamos aún más lejos, porque la energía masculina no solo es fálica sino también escrotal. Esa parte tan vulnerable, sensible y protegida de todo hombre, los testículos, son un símbolo esencial de su poder y de su potencial. El hombre lleva una semilla oculta y silenciosa, en realidad millones de ellas (¿qué nos dice esto de por sí?), pero también tiene una capacidad para contenerlas y protegerlas, al igual que la mujer en la placenta y el útero. El escroto es un lugar de maduración paciente, un lugar oscuro, húmedo, de misterio, que debe ser protegido y mantenido tibio. Se convierte en poder y placer cuando sale. El "canal de parto" del hombre, sin embargo, está en gran medida asociado con el placer, mientras que el canal de parto de la mujer disfruta el placer y también sufre los grandes dolores de parto. Tal vez por eso muchas culturas han considerado necesario que el hombre sangre y sufra dolor en el pene durante la iniciación. Tenía que aprender la conexión intrínseca entre el dolor y la vida nueva. De ahí viene la aparición en dos tercios de las culturas del mundo de algo que el Occidente ya no entiende –la circuncisión masculina como una herida sagrada, lo que lleva a la sabiduría e ¡incluso a una "alianza" con Dios![2]

Una energía fálica exagerada, no formada por la energía escrotal, es generalmente un signo de un macho intruso, dominante y explotador. En otras palabras, tu órgano viril (falo) fuerte siempre deberá recordar que lleva una suave bolsa de ternura por debajo. El hombre duro sin ninguna suavidad es peligroso. Se trata de una sobrecompensación machista más que de la verdadera confianza en sí mismo masculina. La impulsividad del empresario, la esterilidad del académico, la rigidez del creyente, los juegos de guerra del militar, el dedo punzante del intransigente, el castigador padre interno– todos estos son características del hombre fálico, no del verdadero hombre sabio, que siempre es duro y también suave– y a menudo ambas cosas al mismo tiempo. El llamado 'puño en guante de terciopelo' podría ser una buena metáfora para el pene.

Teológicamente hablando, la energía masculina es la energía de Dios el Creador. Tal vez por eso tanto la tradición hebrea y la cristiana tienden a ver a Dios como Padre. Han conservado la imagen de la Madre para el cuidado, el sustento y el disfrute. Cuando nos sentimos como dadores de vida, conocemos a Dios Padre –no conceptualmente, sino por experiencia. Nuestro espíritu de dádiva es el espíritu creador del Padre que se mueve a través de nosotros. Cuando fluye, permitimos que fluya, y conscientemente sabemos que es la vida misma de Dios que fluye a través de nosotros, lo llamamos el Espíritu Santo. Somos una imagen de la Trinidad, como también lo son las mujeres, pero quizá de una manera diferente. Yo *soy* el Cuerpo de Cristo, llevo la imagen del Creador, y su vida compartida fluye a través de mí como el Espíritu Santo. Como lo expresa *Juan* 7,38: "de lo más profundo de todo aquél que crea en mí brotarán ríos de agua viva". Un hombre o una mujer plenos son imágenes vivas de la vida trinitaria.[3]

Este deseo de ser una fuente de creación es la más profunda identificación del hombre con Dios Padre. Se expresa en el deseo de alguna forma de paternidad, ya sea para tener hijos en el sentido físico habitual o de tener hijos espirituales en el sentido de promover el crecimiento y la madurez en otros, o simplemente para atender los cultivos, la tierra y a la humanidad que sufre. Mi deseo de hablar y escribir con el fin de dar a luz a algo nuevo en la vida de otros, por ejemplo, expresa mi propia necesidad profunda de ser padre, de ser autor de una nueva vida. Cuando realmente eres "autor" de la vida en otros, tienes autoridad, ya sea que tengas o no títulos o grados académicos. De hecho, no estoy seguro de que la verdadera autoridad viene de ninguna otra manera. Un rabino judío, una vez destacó el mismo punto al hablar sobre la oración. "Cuando rezo", dijo, "yo *soy* Dios". Esa es una forma audaz y poco ortodoxa de decirlo, pero es la misma audacia que vemos en Jesús cuando sus opositores se enojaron con él por afirmar que era hijo de Dios, y les respondió: "¿No está escrito en su ley: '... ustedes son dioses'... y lo que dice la Escritura no puede ponerse en duda" (*Juan* 10,34–35). Ese es el lenguaje coherente y que da miedo de la religión mística, es decir, la religión basada en la experiencia interior y el 'saber' por sí mismo, y no de la religión basada en solo "creer" lo que otras personas te dicen o, peor aún, en creer cosas que son difíciles de creer (¡como si eso de alguna manera fuera agradable a Dios!). Necesitamos hombres que saben, que saben por sí mismos, y sobre todo que saben quiénes son.[4] Necesitamos la religión mística, y no sólo la religión de requisitos. Los hombres nunca estarán satisfechos con una religión que les dé algo menos de la filiación divina, ni deben estarlo.

En nuestro bautismo nos dijeron que somos hijos de Dios, pero la mayoría de nosotros no lo cree realmente. Todavía seguimos tratando de ganarnos el amor de Dios, como si pudiéramos.[5] Esta actitud también tiende a hacernos autopreocupados en lugar de sentirnos enamorados de Dios. Creemos que tenemos que ser buenos y ganarnos la aprobación del Padre, a pesar de que ya hemos recibido el amor total de Dios y la oferta de su intimidad. Nuestra santidad es inherente, se descubre y se reconoce, no se gana ni se logra con ningún tipo de comportamiento. Según San Pablo somos la "morada del Espíritu Santo" (*2 Corintios* 2,22), y según San Pedro somos "partícipes de la naturaleza divina" (*2 Pedro* 1,4).

No tenemos que hacernos hijos de Dios; *somos* hijos de Dios. Lo que antes era interior a Dios, dentro de la Trinidad, ahora fluye a través de nosotros. El misterio de la Trinidad es nuestro por la gracia, por don gratuito y por invitación. Jesús entró en el espacio y el tiempo para asegurarnos que estábamos invitados a la Danza eterna y divina. San Pablo nos llama "hijos adoptivos", pero somos hijos de Dios, sin embargo. No es necesario afanarnos tratando de ganar lo que ya tenemos.

Pero más aún, estoy convencido de que este poder está inscrito en la estructura misma de nuestro cuerpo, incluso en la parte generativa y genital de la que fluye toda actividad generadora de vida, de esa parte de la que estamos más orgullosos y que a la vez más nos avergüenza. "¿Quién te hizo saber que estabas desnudo?", el Señor Dios le preguntó a Adán en el principio mismo de la Creación (*Génesis* 3,9-10), como diciendo: "Te he creado de esa manera, ¿por qué le tienes miedo?". Aunque les parezca tonto y escandaloso a algunos de ustedes, nuestros penes y testículos, nuestras funciones generativas, son una metáfora de nuestro destino divino. El pueblo judío no era tan puritano sobre estas cosas como la mayoría de los cristianos, y el pueblo judío vio la marca en el pene como el acto que te hacía un 'hijo de la alianza' con Dios. Era un 'sacramento' público. No era un pueblo primitivo ni obsceno sino gente que sabía leer los símbolos primordiales correctamente. Por alguna extraña razón, las cosas que tenemos debajo de las narices (o en este caso, bastante más abajo) son las que permanecen más ocultas en sus significados.

Permítanme terminar este capítulo con una cita de T.S. Eliot, tomada de *"Choruses from the Rock"* [Coros de la piedra], donde como de costumbre hace un resumen terso con palabras selectas:

El Señor que creó debe querer que creemos,
Y empleemos nuestra creación a su vez en su servicio,
que ya es servicio Suyo al crear.
Pues el Hombre es espíritu y cuerpo unidos,
y por tanto debe servir como espíritu y cuerpo,
visible e invisible, dos mundos se reúnen en el Hombre;
visible e invisible deben reunirse en Su Templo;
no debéis negar el cuerpo.[6]

NOTAS

1. Ingham, *Scotus for Dunces*, pp. 87ff.
2. David Gollaher, *Circumcision: A History of the World's Most Controversial Surgery* (New York: Basic, 2000).
3. Rohr, *"The Divine Dance"*.
4. Rohr, *"True Self/False Self"*.
5. Philip Gulley y James Mulholland, *If Grace is True: Why God Will Save Every Person* (San Francisco: Harper, 2003).
6. Tomada de T.S. Eliot, *Poesías reunidas*, 1909–1962, traducción de José María Valverde (Madrid: Alianza Editorial, 1984), p. 185.

VEINTE

Dios como paradoja:
potente impotencia

Una sorprendente representación de la relación padre-hijo que he venido describiendo cuelga en un lugar muy improbable aunque no es tan improbable si tenemos en cuenta lo que los cristianos creemos sobre la Trinidad. Me la encontré en el monasterio cisterciense de Heilsbronner Müenster en Alemania, donde cuelga sobre el altar de la Virgen María. La pintura me impresionó tan profundamente que me compré una copia para mi estudio, y cada vez que la miraba veía más y más en ella. La idea de su pintor, Sebastián Dayg, un artista casi desconocido del siglo XVI, sobre la relación entre el Padre y el Hijo aún me impresiona.

Considera la figura estereotipada de Dios Padre. Es un severo viejo con una larga barba gris, que en su mano izquierda sostiene el globo terráqueo, símbolo del poder real en la época medieval. Si la miras más de cerca, sin embargo, ves que el globo del poder ¡se le está escapando de las manos! Dios Padre, la figura de autoridad suprema, se supone que controla todo el mundo, y sin embargo, parece estar perdiendo el control. Tal vez está tan seguro de su propio poder que puede soltarlo. Está tan seguro de su propia autoridad que no tiene que manipular ni dominar. Es suficientemente dueño de sí mismo como para permitir la libertad, el error y la debilidad.

Al mismo tiempo que el Padre nos permite nuestra libertad, también es exigente. Esto está simbolizado en la pintura con una gran espada que el Padre tiene en su mano derecha, esgrimiendo sobre su cabeza. Este es el lado de Dios que exige y tiene expectativas, llamándonos a usar bien la libertad que nos ha dado y urgiéndonos a ser todo lo que podemos ser. En los padres humanos es un tipo de amor que empuja y no tolera las excusas. Es un amor de mano dura y muy masculino, no brutal o amenazante, solo esperanzado y eficaz. Eso es un concepto muy moderno, pero este artista lo vio en Dios hace casi cinco siglos.

La otra cara de Dios en la pintura es el Hijo. Esto está simbolizado en la pintura por Jesús, despojado, casi desnudo y aún con la corona de espinas en la sien. Si el Padre es el lado fuerte y exigente de Dios, el Hijo es el lado débil y sufriente, la parte de Dios que se identifica con nuestra miseria e incluso con nuestros pecados. Dios pide mucho de nosotros, pero Dios también conoce nuestra debilidad y limitaciones por su solidaridad con nosotros. En la pintura el Padre se está mirando en los ojos de su Hijo y el Hijo se mira en los ojos del Padre en perfecta reciprocidad y comprensión mutua. La fuerza honra la debilidad y la debilidad honra la fuerza. Saben que se necesitan mutuamente.

Como para enfatizar su debilidad humana, el pulgar derecho de Jesús está en la herida sangrante de su costado y los demás dedos apuntan hacia ella, pero su mano izquierda extendida hacia arriba agarra la espada que está encima de la cabeza de estas dos figuras. El Hijo frena la severidad del Padre y le impide ser demasiado severo, por lo que *la dureza y la ternura de Dios están en perfecto equilibrio.* Comenzábamos muchas oraciones oficiales con la frase "Dios omnipotente y misericordioso", y la intuición era correcta, pero parece que la manera en que Dios es omnipotente, precisamente es ¡en ser misericordioso! Simboliza el equilibrio, la propia espada es perfectamente horizontal. Si el Padre es la parte poderosa de Dios, el Hijo es el lado vulnerable. Los dos están en tensión perfecta, el Padre que está en este cuadro representa la impotencia del poder divino y el Hijo representa el poder de la impotencia divina. La energía creativa liberada por esta tensión está simbolizada por la paloma del Espíritu Santo, que, muy apropiadamente, se cierne sobre la espada equilibrada. Es este mismo tipo de energía creativa que se libera cuando la fuerza y la mansedumbre se entienden y respetan mutuamente. Suena bonito y poético, pero con honestidad, no es el patrón general. La mayoría de nosotros somos lo uno o lo otro, y rara vez el equilibrio de la espada y el espíritu.

Pero eso es solo la mitad de la imagen. En esta pintura la Trinidad está a la izquierda, y al otro lado del espacio en el centro se encuentra una mujer. Es María, que en el arte medieval era símbolo de toda la Iglesia, porque en relación con la constante iniciativa de Dios, la humanidad es femenina en su receptividad. Nosotros, como ella, tenemos que decir, "que así sea" para que Dios more en nosotros. Sus ojos no miran a nadie de la Trinidad, sino hacia el espacio en su centro, como si contemplara todo el misterio. Una leve sonrisa sugiere que está admirando y respetando lo que contempla, dejando a Dios ser Dios. Sin embargo, la mano derecha está tocando el pecho, como para indicar que sabe que Dios estaba y sigue estando en su interior. Ella protege esa identidad.

María está vestida con una túnica larga y un manto suelto, y con la mano izquierda agarra la orilla del manto para proteger a las figuras de pie detrás de ella. Estas figuras son todos hombres de poder, los prelados adornados con ornamentos y tiaras y mitras, y reyes con sus coronas y símbolos de autoridad. A diferencia de la mujer, estos hombres no están buscando a la Trinidad. Están mirando en todas las direcciones excepto hacia Dios, lo que me dice que el artista sabía que los hombres de poder están tan atrapados en sus roles y estatus que pierden a Dios de vista. Así que, en cierto sentido, María está protegiéndolos de la espada del Padre, pero por otro lado les está diciendo que no están listos para el misterio del amor de Dios severo y tierno a la vez. Solo uno de ellos se une al Femenino Eterno de su mirada, el que tiene la cabeza inclinada y las manos juntas. Solo el hombre humilde y centrado se une a ella en el reconocimiento y la alegría de la paradoja divina.

Después de reflexionar sobre esta maravillosa pintura a lo largo de muchos años, francamente me pregunto si la cristiandad se siente cómoda con su Cristo. ¿Será posible que Cristo se haya convertido en la figura conveniente de Dios para la cultura occidental, pero que en realidad no nos agrada mucho su mensaje? Es evidente que estamos mucho más interesados en adorarlo que en seguirlo, aunque esto es todo lo que nos pidió que hiciéramos. Esta parte herida de Dios, este "cordero" de Dios, nos resulta un motivo de vergüenza y una amenaza grave, si somos realmente sinceros. Pero, afortunadamente, María, imagen de la verdadera Iglesia, está lista, sonriendo y esperando para ofrecer su próximo "Que así sea". Ella está dispuesta a dejar a Dios ser Dios, a dejarlo ser misterio, a dejarlo ser paradoja e incluso a dejar a Dios ser libre.

La humanidad se encuentra detrás de su brazo izquierdo, a la espera de ver y aceptar y amar de la misma manera.

Paternidad espiritual, maternidad masculina

Si amas tiernamente a tu hermano según la carne, ¿cuánto
más no debes amar a tu hermano en el Espíritu?

—San Francisco de Asís a sus seguidores

Debido a que no siempre recibimos nuestra integridad de nuestros padres naturales, a menudo tenemos que recibirla de alguna otra persona. Necesitamos compañeros en el viaje, mentores a lo largo del camino. Necesitamos el vínculo con lo que voy a llamar las 'madres masculinas'. Para que no pienses que es innecesario o extraño, ten en cuenta la intensa lealtad y el amor de muchos hombres hacia un buen jefe o un maestro, como el 'Sargento Dan" en Forrest Gump o la adoración del "Mister Chips" por parte de los estudiantes, o Robin Williams en la *Sociedad de los Poetas Muertos*, o incluso el amor extasiado de Rumi hacia su guía espiritual, Shams. [nota de trad.: el persa Rumi fue el poeta sufí del amor místico]

Cualquier hombre que protege, valora e instruye a un hombre más joven en cómo sobrevivir y tener éxito es su madre masculina. Necesitamos que un hombre sea solidario con nosotros, para poder aprender lo que significa ser solidarios con *nosotros mismos*, y en última instancia con otros de la misma manera. Las religiones de

Oriente toman esto como normativo, pero en Occidente se convirtió en gran medida en un "ministerio de ordenados", más que una verdadera dirección espiritual o la orientación práctica de las almas o la relación entre maestro y discípulo que vemos en el islamismo, el hinduismo, el budismo y el confucianismo.

Curiosamente, el padre biológico casi nunca es el iniciador de su propio hijo. Hay demasiada tensión en la relación. Por un lado, ambos están enamorados de la misma mujer. Casi siempre son los hombres mayores y no emparentados los que inician al niño en la edad adulta. A menudo se trata de un hombre que el niño busca por sí mismo. La madre lleva al hijo a través de la adolescencia, pero otros hombres deben "matar al niño suavemente" y "salvar al soldado Ryan", para que el hombre pueda surgir. No tenemos ningún rito, ni la expectativa ni la posibilidad fácil para esto en nuestra cultura. *Tenemos* que aprender a hacerlo. M.A.L.Es (Hombres Aprendices y Sabios) ha tomado como su tarea volver a introducir esta posibilidad en nuestra cultura "en cinco generaciones". Nos lo debemos a nosotros mismos y se lo debemos a las futuras generaciones, aunque por ahora solo estamos tratando de crear una masa crítica de hombres adultos-iniciados.

Las religiones de Oriente, los padres del desierto y los cristianos ortodoxos son mucho más conscientes de esta necesidad que nosotros en la Iglesia de Occidente. Aquellas son mucho más relacionales que informativas. Cuando llega el momento para un niño en el Oriente de comenzar seriamente su desarrollo espiritual, se le asigna un mentor, un maestro, un gurú –no tanto para que aprenda hechos o doctrinas de él, sino para que pueda recoger la energía de su maestro por medio de la observación y la identificación personal con él.

Lo más cercano que tenemos es el padre confesor ocasional o el director espiritual. Los protestantes casi no lo tienen en absoluto, ya que han transferido gran parte del camino espiritual a los aspectos de la moral y la instrucción en lugar de al aspecto místico.

Es curioso cómo hemos olvidado la manera en que Jesús formó a sus discípulos. Podemos leer todas las palabras de Jesús en los Evangelios en cuestión de horas, pero Jesús pasó tres largos años instruyendo espiritualmente a los hombres que lo siguieron. Lo que les dio no era tanto sus palabras, sino su ejemplo y su energía, su tiempo y su toque. "¿Dónde vives?", dijeron los dos primeros discípulos de Jesús. "Él les respondió: 'Vengan y lo verán'. Se fueron con él, vieron dónde vivía y se pasaron aquel día con él" (*Juan* 1,39). Qué relato tan significativo, y no es sorprendente que venga del Evangelio según San Juan, el discípulo amado, quien hasta había descansado la cabeza sobre el pecho de Jesús –acto que sería impensable en la mayoría de las culturas homofóbicas de hoy. Sabían cómo se transmite la energía, y no es principalmente por los sermones y los libros, sino por las relaciones y la presencia.

Seamos conscientes de ello o no, hacemos uso del espíritu de los demás. Podríamos describirlo como una personalidad que nos atrae o que nos repele. Podríamos decir que nos atrae el carácter de una persona o su temperamento nos causa aversión. Muy a menudo no es que reaccionemos a lo que se dice, sino más bien a la energía con que las cosas se han dicho y hecho. Dos personas pueden tener la misma opinión, pero nos sentimos invitados a aceptarla cuando una de ellas la presenta, y nos sentimos fríos e impasibles cuando la oímos de la otra. No es la idea que oímos, sino la energía positiva o negativa detrás de ella.

Cualquier padre sabe que él puede decirle a su hijo de tres años algo muy importante con voz tranquila, y algo insignificante con voz emocionada, y el niño siempre responderá a la voz emocionada. Un joven padre me dijo recientemente que se le había olvidado conseguir el regalo acostumbrado para su hijito después de estar lejos de casa durante unos días en Cleveland, le compró una simple bolsa de ositos de goma en el aeropuerto y con voz emocionada le dijo al niño: "¡Estos ositos de goma son especiales y vienen desde Cleveland, Ohio!". El niño estaba muy contento y muy pronto se jactaba ante sus amigos de su "¡ositos de goma de Cleveland! El entusiasmo de su padre hizo que se sintiera emocionado, y no el regalo en sí.

Un sacerdote, para quien yo era una especie de padre espiritual, vino a verme una vez. Algunas personas en su parroquia se oponían constantemente a muchas de las cosas que él hacía, señalando cuando no seguía al pie de la letra las rúbricas de la liturgia, protestando cuando hablaba acerca de las cuestiones sociales en sus sermones, quejándose de que no ponía suficiente énfasis en la doctrina católica, amenazando con escribirle al obispo y así sucesivamente. Estaba siendo bombardeado por energía negativa y llegó el momento en que eso empezó a afectarlo. Estaba perdiendo el entusiasmo que había traído a la parroquia, estaba empezando a sentir que la ira y el miedo infectaban su ministerio, dudaba de sus dones como sacerdote y de sus habilidades como hombre.

Ante todo y sobre todo, este sacerdote necesitaba a alguien que nada más lo escuchara, que le permitiera expresar sus miedos y frustraciones, su ira y sus dudas. También necesitaba que alguien que había recorrido el camino delante de él le asegurara que lo que estaba sintiendo era normal y que era posible afrontarlo. Le hacía falta escuchar a alguien como un abuelo, alguien que hubiera estado allí antes y que pudiera asegurarle que no estaba loco. Necesitaba "sentir", en base a la experiencia de otro hombre qué límites valía la pena proteger y cuáles realmente no importaban. Espero haberle ofrecido eso, pero no le di ni una "respuesta". Sólo lo escuché, sencillamente lo atendí y lo recibí. Se marchó sintiéndose "¡maravilloso!", lo que hasta me sorprendió, porque pensaba que no le había dado casi nada. Un poco sirve para rato cuando la otra persona está dispuesta a creerlo y recibirlo. Ese fue su caso.

Las tradiciones religiosas de Oriente, como he dicho anteriormente, toman en cuenta, más que la nuestra, esta necesidad. Después de haber dirigido un retiro en Nepal en la década de 1970, tuve la oportunidad de conocer a un gurú hindú, un maestro o sabio espiritual. Tan pronto como entré en su pequeña casa, casi como una ermita, en las afueras de Katmandú, me sentí consciente de estar en presencia de algo que solo puedo llamar la energía del abuelo. Cuando hablaba con él, me dio la impresión de que sabía antes de yo mencionarlo todo lo que salía a relucir. Él había andado el camino delante de mí, y estaba mucho más avanzado en la vida espiritual que yo, así que simplemente reconoció las confusiones que le traje, y confirmó muchas de las ideas que yo tenía sobre el crecimiento espiritual. En realidad, me "abrazó" internamente más de lo que me habló. (Esto me pasó de nuevo en Kerala, sur de la India, en 2003, con un gurú de católicos que 'leyó mi alma' y me dijo cosas sobre mí mismo que él no tenía forma de saber por medios naturales. Sin duda eso invalida nuestro modelo científico de cómo se adquiere el conocimiento.)

Mientras hablábamos, noté una foto de su propio maestro, el gurú que había sido un padre y abuelo espiritual para él. Cada vez que mencionaba a su maestro, sus ojos brillaban de emoción. En un momento de la conversación me explicó que toda la tradición hindú sobre la espiritualidad se basa en una relación padre-hijo. Como para recordar al discípulo la importancia de esta relación, la tradición exige que cada vez que el 'hijo' entra en la presencia de su gurú, deberá arrodillarse e inclinarse, diciendo: "Qué yo sea tan humilde ante ti, mi padre espiritual, que hasta el polvo pueda aplastarme". Un saludo muy poético, sin duda, pero hace posible una relación de confianza inmensa que permite que el poder y la energía pasen de un hombre al otro.

En otra ocasión hablaba con Jim Wallis, el pastor de la comunidad *Sojourners* en Washington, D.C. Jim y yo tenemos mucho en común, ya que tenemos casi la misma edad, ambos hemos fundado comunidades, y hemos atravesado por muchos de los mismos altibajos en nuestros ministerios en el curso de los años. Jim observó que una de las cosas más difíciles de estar en nuestra posición es que no hay figuras paternas para nosotros. Hay muy pocos hombres que han fundado y pastoreado comunidades cristianas alternativas y que ya hayan pasado por lo que nosotros estamos pasando (Clarence Jordan de la comunidad Koinonia en Georgia, Gordon Cosby de la Iglesia del Salvador en Washington y Jean Vanier de la comunidad de L'Arche fueron los únicos que en ese momento pudimos recordar). Nos encontramos en la primera generación de una forma de iglesia muy diferente a la iglesia de siglos anteriores. Las normas habituales de la vida parroquial no se aplican a nosotros en muchos casos, y nos encontramos ante la necesidad de inventar un nuevo conjunto de normas, y de aprender ensayando y errando. A veces, admitimos, nos gustaría a los dos poder exponer todo ante alguien que pudiera sentarse y escuchar con calma mientras nosotros estamos en estado de pánico. Hemos hecho lo mejor que nos ha sido posible actuando como 'hermanos' el uno para el otro en el camino por más de treinta años, pero ambos hemos deseado una madre masculina. Estoy seguro de que esto es igualmente cierto en el caso de los hombres en el mundo de los negocios o en cualquier mundo. Todos necesitamos a alguien con autoridad interior que pueda hacernos saber que estamos OK, que lo que estamos atravesando es normal, y cuáles de las batallas vale la pena luchar. A veces sólo necesitamos tener a alguien que cree en nosotros, pero que cree en nosotros lo suficiente como para también desafiarnos. Curiosamente, en su presencia, la seguridad y la confianza en nosotros mismos están ahí, casi por arte de magia, y casi causándonos vergüenza. Es motivo de humildad y algo maravilloso ser un hijo espiritual. Pero la amistad, aun la amistad masculina básica, en realidad no es cosa tan común entre los hombres. Tenemos miedo de acogerla, pero lo que es peor, no suele estar disponible ni nos es ofrecida.

No me cabe duda que una de las principales razones para que yo haya hecho algunas cosas interesantes en mi vida es que he conocido a un número de hombres que creyeron en mí a lo largo de mi formación. Recuerdo un fraile de edad avanzada que me dijo cuando era un joven franciscano, "Richard, quiero que siempre confíes en tus intuiciones. Prométeme que siempre vas a confiar en ellas, incluso si de vez en cuando resultan equivocadas. Tu rumbo es el correcto y yo personalmente lucharé por ti tras bastidores si es que llega el caso". ¿Necesito decir más? Él fue Dios para mí en ese momento. Fue mi padre espiritual ese día. Y un padre espiritual o un hermano, puede compensar por un centenar de los negativos.

El niño y el viejo

Cuando Elías vuelva "él convertirá el corazón de los padres a los hijos, y el corazón de los hijos a los padres".
—Malaquías 3,24; las últimas palabras
del Antiguo Testamento

La psicología profunda, que en algunos aspectos es una versión secular moderna de la espiritualidad tradicional y se ocupa de muchos de los mismos problemas, nos dice que nuestras vidas se guían por imágenes subconscientes llamadas arquetipos. Carl Jung afirma que algunos de estos arquetipos son tan básicos para nuestra vida como seres humanos que se encuentran en todos los pueblos del mundo. Estos patrones fundamentales aparecen en los sueños y la conducta de todas las culturas, así como en los símbolos e historias que se remontan a tiempos inmemoriales.

Dos de los arquetipos más fundamentales que están en la base de la conciencia masculina son el niño y el anciano, el niño interior y el abuelo interior. Se encuentran en cada uno de nosotros en diferentes grados, y en nuestro ciclo de vida esperamos pasar de uno al otro. Algunos hombres, lamentablemente, se identifican más con uno de los arquetipos y, por tanto, se convierten en personalidades compulsivas y desequilibradas. Curiosamente, sin embargo, a medida que llegamos al final del camino, normalmente los dos se integran, y en nuestra vejez, somos capaces de completar el círculo y recuperar gran parte de la frescura y la libertad de la juventud, así como también la serenidad y la sabiduría recién alcanzadas de la vejez.[1] La cultura griega entendía el increíble poder de esta conexión *senex-puer*, y fue parte del pensamiento de muchos de los intelectuales griegos más creativos y brillantes que todavía respetamos y de quienes aprendemos hoy. Nuestros temores homofóbicos no nos permiten ver lo que aparentemente era muy vivificante, tanto para el tutor como para el discípulo en muchos casos.

Algunas partes de nosotros crecieron demasiado pronto; algunas nunca crecieron. Créanlo o no, ambas tienen algo que enseñarnos –si solo confiamos y dejamos que establezcan un poco más de amistad la una con la otra. Una se llama el viejo (*senex*), y la otra el niño eterno (*puer eternus*). Necesitamos las dos. El viejo *no va* a cambiar sin contacto con su niño eterno; el niño eterno *no puede* cambiar sin el amor y el desafío de su viejo. La religión y la educación tradicionales tendían a crear y recompensar a los viejos al igual que el mundo de los negocios orientado al éxito. Si seguimos solo su ejemplo, nos volvemos rígidos y muy serios. Por otro lado, la cultura posmoderna produce una gran cantidad de jóvenes eternos que tienen miedo a crecer. A menudo son muy buenos en el arte y la música, el humor y la danza, pero no suelen saber cómo mantenerse a sí mismos u a otras personas más allá de eso, y en realidad no tienen mucha energía de padre. La verdadera religión debe ser la integración armoniosa de ambas. Nuestro icono en este caso sería el anciano Simeón en el templo con el niño Jesús, diciendo que estaba listo para morir en paz

(*Lucas* 2,29-35). La antigua antífona para el Oficio Divino en esa fiesta lo expresaba perfectamente: "El viejo sostenía al niño, pero el niño sostenía al viejo". El uno sin el otro es incompleto. Aclaremos sus regalos complementarios:

El niño eterno	El viejo
acción sin conocimiento	conocimiento sin acción
fanático	cínico
cambio	continuidad
huye, espera, se sorprende	permanece, sabe, ama, está en control
poder impotente (Jesús)	impotente poder (el Padre)
la energía de la herida	energía para herir
transciende, esperanzado, visionario	inmanente, enraizado, recuerda
autenticidad	realidad
diversión y fantasía	trabajo y responsabilidad
inspira el florecer de las cosas	sabe cómo recoger la cosecha
todo es espacio, no tiene tiempo	todo es tiempo, no tiene espacio
(demasiado cielo)	(demasiada tierra)

La edad crítica es a menudo los cuarenta, cuando los dos arquetipos a menudo se enfrentan entre sí. Por lo general, uno es rechazado para siempre. Debido a la necesidades de sofisticación y éxito en nuestra cultura, la mayoría de los hombres rechazan al niño eterno muy temprano y se convierte, en su peor forma, en monstruos obsesionados con el control. Los que eligen al niño eterno terminan como artistas hambrientos, filósofos de sillón, inadaptados sociales, músicos errantes o religiosos rebeldes, generalmente considerados ingenuos o inútiles. Ninguno puede contribuir mucho a sí mismo o a la sociedad. Necesitan su otra mitad masculina.

Cuando recuerdo mi propia vida, tendría que decir que me identificaba fuertemente con el anciano, aun cuando era bastante joven. No participaba en los deportes ni la música popular porque sentía siempre que había cosas de mayor trascendencia de las que debía ocuparme –sin darme cuenta de que estaba utilizando mis puntos fuertes y evitando mis carencias. Cuando estaba en el seminario, mis compañeros de clase notaron este lado aparentemente maduro mío y a menudo me pedían consejos y asesoramiento. Pero yo estaba desequilibrado, y siempre un poco demasiado serio, lo que probablemente puedes ver aquí. Es a la vez mi don y mi maldición. Pero, como hemos enseñado con el Eneagrama, "Por extraño que parezca, eres destruido por tu don". Las tragedias griegas siempre comprendieron eso.

Las personas que me conocen notan que no tengo ningún chiste que contar cuando todos intercambian bromas, y que no cuento historias divertidas como lo hacen otros predicadores y directores de retiros. De alguna manera nunca aprendí a contar chistes y ¡ni siquiera lo hago bien cuando cuento alguno! Me encanta la gente divertida y la admiro porque no puedo ser así. Eso es lo que el anciano hace: admira en el joven lo que él no tiene. Y el joven, a su vez, admira al viejo por ser lo que él no es. No estoy diciendo que no puedo relajarme y divertirme. Me gusta dejar salir al niño que hay en mí tanto como cualquier hombre, pero en mí el niño tiene que pedir permiso al abuelo, por así decirlo, y asegurarme de que está bien jugar de vez en cuando.

A pesar de que por la personalidad o una situación dada podríamos encontrarnos a favor del joven o del anciano interior, ambos están en cada uno de nosotros. No es una cuestión del uno o del otro, sino de ambos. Tanto el joven como el abuelo tienen dones que darnos, y tenemos que apreciar a ambos para poder disfrutar plenamente de nuestros talentos como hombres. Así que, aunque hablo de estos dos en términos de los contrastes, es necesario recordar que ambos son solo diferentes aspectos de una masculinidad equilibrada.

El niño eterno es esperanzado y optimista, el viejo es conocedor y seguro. Para el joven, la vida lo espera afuera para ser vivida; para el viejo, la vida es la experiencia de haber vivido. Muchos cruzamos la frontera durante los años finales de nuestra madurez, cuando nos damos cuenta de que la mayor parte de nuestra vida ya ha pasado, y nos encontramos recordando más el pasado que esperando grandes cosas en el futuro. El joven está lleno de asombro y admiración, pero el viejo está lleno de reconocimiento y recuerdos. Si el joven se ha sentido indebidamente reprimido, hará un gran esfuerzo, casi irresistible en la edad madura por lucirse. Es una crisis de grandes proporciones para muchos hombres a los cuarenta, y francamente, a menudo o les causa problemas o los libera para ser realmente humanos.

Recuerdo una vez cuando viajaba en una camioneta con un grupo de jóvenes de la comunidad Nueva Jerusalén. Todos eran de Cincinnati, y nunca habían estado al oeste de Indiana, pero ahora estábamos juntos, en dirección al lejano oeste. Cuando llegábamos a donde se esperaba que pudiéramos tener nuestro primer vistazo de las Montañas Rocosas, todos se apilaron en la parte delantera de la camioneta, esperando que las montañas aparecieran. Sus ojos eran como de niñitos, preguntándose si las montañas iban a aparecer.

Recuerdo que sentí una especie de envidia por esos jóvenes, yo había visto las montañas tantas veces que había perdido la capacidad de ser sorprendido o deleitado por ellas. Pero también sentí algo que los jóvenes no podían sentir. Cuando por fin las montañas surgieron ante nuestra vista, las reconocí como viejas amigas. Recuerdos lejanos volvieron para consolarme.

El niño es *crédulo* porque no ha aprendido todavía lo suficiente como para ser capaz de discernir lo que es verdad de lo que no lo es. En ese sentido, es ingenuo, pero es la ingenuidad refrescante del niño la que puede escuchar y aceptar con franqueza. Cree lo que oye porque confía en la persona que le habla. Hace lo que le dicen que debe hacer porque está dispuesto a probar cosas nuevas y aprender de la experiencia que no ha tenido todavía. El viejo, en cambio, imparte conocimiento y da consejos nacidos de su experiencia. El viejo es *creíble* porque conoce de primera mano aquello de lo que habla. Es fidedigno porque vive de acuerdo a lo que dice. Por lo tanto, es una autoridad, porque es autor de nuevas posibilidades en la vida de aquellos que le escuchan, y su autoría no proviene de lo que ha oído, sino de lo que ha vivido.

La siguiente diferencia tiene que ver con lo que los psicólogos llaman "la sombra", y con eso nos referimos a *la parte invisible e inaceptable de la personalidad*. La sombra del yo no es el aspecto malo de la personalidad, es el aspecto no reconocido, reprimido o negado del ser. A menudo es capaz de hacer cosas malas sin saberlo, o llamarlas malas o malvadas. En otras palabras, la sombra del yo no es el ser malo, y de hecho luchar con ella realmente te lleva a una profunda realización. Francamente, nos convertimos en personas maduras por medio de nuestra relación consciente con nuestros propios demonios y fracasos. Pero, si no tenemos conocimiento y relación conscientes con la sombra de nuestro yo, este siempre nos controla. Ese es el narcisismo inherente de la mayoría de la gente. Esa es la razón de por qué la confesión, el arrepentimiento, el pedir perdón, el decir la verdad y admitir el fracaso son tan esenciales para cualquier vida humana o espiritual sincera. Un gran porcentaje de la humanidad tiene poco autoconocimiento y proyecta gran parte de su maldad a otros. Nunca luchan con la sombra de su ego en un sentido real, sino que solo tratan de considerarse como morales y correctos a toda costa. Recuerda de nuevo la gran frase de Jesús, "Pero como dicen que ven, el pecado permanece" (*Juan* 9,41). Es comprensible en el joven. Es detestable y triste en el anciano.

Debido a que el *puer* / niño no se conoce a sí mismo, tiene una gran sombra. Hace cosas que no entiende, y tiene motivos de los que está mayormente inconsciente. La sombra del joven a menudo se proyecta a otros niños y adultos ya que todavía no entiende el comportamiento humano, ni ha aprendido a ver las cosas desde el punto de vista de otras personas. Es a la vez crítico y temeroso de los que lo rodean, y reacciona a las situaciones sin pensar en lugar de responder basándose en el conocimientos o la compasión, o en el razonamiento claro. Eso es exactamente por qué hay que enseñar a los niños, darles mentores y ejemplos. No solo son narcisistas y ciegos en gran medida, sino que no lo saben todavía.

El *senex* / viejo, por el contrario, ha existido desde hace mucho tiempo y ha visto todo lo que hay que ver. Entiende el comportamiento de la gente y esto no le hace perder su equilibrio. Más importante aún, se conoce a sí mismo, y es poco lo que alguien pueda criticarle que ya él no esté consciente de ello. Ha sacado su propia sombra a la luz de la conciencia, y por eso tiene el espacio psicológico para absorber las manipulaciones sombrías de otros. Y al no proyectar nada a otras personas, puede darles el espacio que necesitan para ser ellas mismas. Se ha encontrado con el principal enemigo, y sabe que es él. El niño no puede saber eso todavía. No es lo suficientemente fuerte para hacerle frente. Ese es el trabajo en la mitad de la vida. Y casi siempre necesitas a alguien que te ayude a ver o sobrellevar la sombra de tu ego, alguien que te ame profundamente. Si no, nunca te sentirás lo suficientemente seguro como para hacerle frente.

Tal vez puedo ilustrar esto de la mejor manera con un incidente que ocurrió hace algunos años. Hablaba con un hombre que se había unido a la comunidad de la Nueva Jerusalén, cuando todavía estaba en la escuela secundaria y quien todavía tenía dificultad para relacionarse. Eso me dejaba perplejo, ya que en nuestra propia relación siempre parecía maduro. Por alguna razón u otra, él empezó a contarme acerca de cómo sus amigos, y especialmente su novia, estaban descontentos con él. Sentían que era manipulador, y él mismo sentía que había aspectos de su personalidad que irritaban a los demás.

Después de escucharlo por un rato le confesé que nunca había sentido que era manipulador, ni nunca lo había visto hacer el tipo de cosas de las que lo acusaban. Me miró con tristeza y dijo: "Alrededor suyo, mi sombra nunca se presenta. De alguna manera, usted tiene la capacidad de liberarme de mis estados de ánimo y temores –mi lado negativo– y me deja ser la persona que realmente me gustaría ser". El viejo tiene el poder mágico de absorber la sombra del niño. El abuelo hace posible que una persona deje su lado oscuro a un lado y camine en la luz que él sabe que está ahí, pero no puede encontrar fácilmente. En realidad cualquier persona que te ama puede hacer eso por ti, de hecho, en gran medida eso es lo que significa amar. Puedes esperar para ellos lo que ellos aún no pueden esperar. Puedes transformar para ellos lo que ellos aún no pueden transformar. Lo puedes hacer si no devuelves su negatividad y miedo, como la mayoría de la gente les hace. Cuando odian o temen, le devuelves amor. Eso contiene y transforma a la persona con el tiempo. Eso es lo que Dios hace de forma consumada y es realmente lo que queremos expresar cuando decimos que Jesús "quita el pecado del mundo". Absorbe nuestro mal, no lo devuelve, y poco a poco lo soltamos. Nos los roba; ¡nos quita el pecado! Los buenos amigos y los viejos de verdad hacen lo mismo en una escala mucho menor.

Una diferencia más entre el *puer* y el *senex* es la manera en que los hombres dan y reciben amor. El amor de un padre, como vimos anteriormente, empuja y reta, lanzando a los aguiluchos del nido diciéndoles que pueden volar. El hijo sabe que necesita esto, pero todavía no lo quiere ni lo aprecia. No siempre está seguro de qué motiva al papá, y muchas veces resiente esta dureza necesaria. El niño representa un amor que se produce por haber sido herido, y el viejo representa el amor que está *dispuesto a herir*. Lo llamamos amor de mano dura, pero los hombres saben que lo necesitan, lo respetan, a pesar de que muy pocas personas mayores tienen la autoridad para saber cómo hacerlo bien, y muy pocos jóvenes tienen la confianza para saber cómo aceptarlo. ¡Qué pérdida tan grande!

Cuando fui a Japón, me dijeron que un joven nunca sabe qué va a pasar con él cuando viene a unirse a una comunidad budista zen. A veces un aspirante a monje llama a la puerta del monasterio. Y a veces tendrá que esperar hasta dos o tres días antes de que lo dejen entrar, solo para ver lo mucho que quiere ser iluminado realmente.

Ahora, ¡eso es energía viril desde el primer día! Y la vida del novicio en el monasterio es igualmente difícil. El joven es "herido" desde el principio. Los entrenadores y los sargentos instructores hacen lo mismo, pero ya no se tolera más en Occidente, excepto entre grupos muy conservadores (que ¡por cierto resultan ser los que más seminaristas reciben!).

Un joven sano y serio está dispuesto a dejarse herir porque confía en el amor del viejo hacia él, y cree en la meta. Incontables niños permiten que incontables entrenadores los obliguen a empujarlos hasta el límite de su resistencia porque quieren lo que los hombres pueden hacer surgir en ellos. En mi propia vida, ese lugar de la prueba masculina fue el seminario en la década de 1950. Llegué a Cincinnati desde Kansas cuando sólo tenía catorce años, y tuve que encontrar mi camino desde la estación de tren *Union Terminal* hasta el monasterio franciscano, a unas quince millas de distancia, en autobús. El autobús me dejó en la parada más cercana, donde no había nadie esperándome. Así que caminé con mis dos maletas una milla hasta el monasterio, sintiéndome solo y aterrorizado. Ahora me pregunto si eso fue intencional de parte de ellos.

Cuando estaba allí, nos levantaban temprano en la mañana fría (a veces oscuro) a mí y a los otros estudiantes para la oración y la meditación. Las reglas eran estrictas, y nuestras vidas eran muy reglamentadas en tal grado que a veces me molestaba y en formas, mirando al pasado, que no eran realmente necesarias. Un joven conoce y respeta cualquier sistema que "mantiene un ambiente disciplinado". Él sabe que lo necesita para crecer, a pesar de que se queja todo el tiempo. Una cosa que el seminario anticuado hizo por muchos de nosotros fue que nos miráramos sinceramente a nosotros mismos y nos preguntáramos qué estábamos haciendo allí realmente. No estábamos ahí por nuestra comodidad, recompensas inmediatas, ¡eso es seguro! Supongo que otros jóvenes han tenido experiencias similares en otros lugares, como el ejército o el equipo de fútbol. Por supuesto, la severidad de los *senex* solo puede brutalizar y desensibilizar al joven, como sucede a menudo. Pero el padre-como-heridor, el amante condicional, también tiene un don muy especial para el hijo receptivo.[2] Es el polo opuesto de la madre protectora, pero da el envase, la forma y la capacidad de autocrítica necesarias que no se pueden encontrar en ninguna otra parte. Puede ayudarle a enfrentarse muy temprano en la vida al orgullo, al control, a la impaciencia, al individualismo y al narcisismo de su sombra. ¡Qué regalo!

Pero a menudo el niño eterno está enojado con el viejo por darle precisamente los regalos que podrían hacerlo un gran hombre. Un hombre me dijo en la cárcel hace poco: "Nos toma mucho tiempo crecer y adquirir sabiduría, padre, y para entonces ya hemos hecho todas las decisiones de nuestra vida y cometido todos nuestros errores". Los niños eternos necesitan viejos para sobrevivir física y psicológicamente. Los viejos necesitan a los niños eternos para avanzar con éxito espiritualmente.

NOTAS

1. Para una descripción más completa de los arquetipos del niño y el viejo, lee John A. Sanford y George Lough, PH.D., *What Men Are Like: The Psychology of Men, for Men and the Women Who Live With Them* (Mahwah, N.J.: Paulist, 1988), págs. 95-97.

2. Rohr, *Adam's Return*, págs. 83ss. Aquí trato de presentar la necesidad de recibir amor condicional e incondicional para desarrollar estructuras sanas del ego y hasta estructuras para Dios.

VEINTITRÉS

Imágenes del alma para los hombres

Hay Cuatro Poderosos en todo hombre. Una unidad perfecta no puede
existir sino desde la fraternidad universal del Edén.
—William Blake, *The Four Zoas*

Ya que hemos introducido la idea de imágenes arquetípicas que forman y fascinan a las almas de los hombres, me gustaría ofrecerles
algunas imágenes de la mitología y del inconsciente colectivo masculino. Hay cuatro imágenes clásicas que por alguna razón profunda
siguen apareciendo en todas las épocas y todas las literaturas. Robert
Moore, quien está haciendo los estudios definitivos en esta área, las
llama: el rey, el guerrero, el mago y el amante.[1]

Las he encontrado tan útiles en mis recientes trabajos en retiros,
con hombres y en el ministerio en la cárcel, que me gustaría compartir en forma muy condensada algo de lo que estamos aprendiendo.
Espero que sea suficiente para que puedas escuchar tu propio camino
y veas tú mismo si no es verdad.

En primer lugar, me gustaría decir algo acerca de los arquetipos.
El psicólogo suizo Carl Jung pensaba que la transformación verdadera de las personas sucede en gran medida, si no exclusivamente,
a través del contacto con imágenes. Algunas de estas imágenes tienen un carácter casi luminoso para nosotros. Como el encuentro

con un dios, pueden asustarnos y también fascinarnos. Tanto es así, de hecho, que pueden orientarnos y determinar a qué le prestamos atención, y muchas veces nos ciegan respecto a sus lados oscuros. Un joven atrapado en un arquetipo de guerrero, por ejemplo, lo ve todo a través de los ojos de: ganar, de músculos, tamaño, poder y dominación. Tiene poco que ver con la lógica o el entrenamiento, y las advertencias contra la violencia no van a ser de mucho provecho. Está poseído por un 'dios' (o un demonio, dependiendo de cómo lo veas). Estos "dioses" interiores, o las imágenes dominantes, casi en su totalidad determinan si un niño participa en deportes para competir, lee libros, pinta con acuarelas o trata de armonizar todas las actividades anteriores.

Las fascinaciones arquetípicas me parecerían más un psicobalbuceo si no hubiera visto el poder de las historias, los iconos, las biografías, las fotos, las películas, los famosos y los héroes en la vida de la gente. Podemos predicar, hablar y escribir todo lo que queramos, pero es obvio para mí que *la gente cambia a la gente*. La epidemia de sida era en gran medida distante y abstracta para la mayoría de los estadounidenses. Una vez que Magic Johnson, el jugador de baloncesto, anunció que estaba infectado, el país entero estaba humeante de miedo, reconocimiento y lo que algunos llaman el último clavo en el ataúd de la revolución sexual. Ese es el poder casi imperial del arquetipo del guerrero y el amante combinados en un solo hombre. Yo conozco muy pocas, o ningunas, personas que hayan sido convertidas por la teología en sí. Pero la vida de los santos, el conocer a la persona apropiada, las buenas biografías y el heroísmo nos pueden dar un giro en un minuto —y para siempre.

Los arquetipos están llenos de poder generativo. Nos conducirán a un nuevo espacio en el que nos "vemos" a nosotros mismos por primera vez. Entendemos nuestros deseos más profundos, sabemos lo que debemos hacer, y de alguna manera en la fascinación incluso encontramos la energía para hacerlo. Cuando estás en las garras de un arquetipo, tienes una visión y un profundo sentido del significado de tu vida, incluso si ¡solo solo se trata de ser el mejor *break-dancer* en Brooklyn! Hablamos de estar "poseídos" por un arquetipo, probablemente con el mismo significado que los antiguos hablaban de estar poseídos por un demonio. Si no lo reconoces y de alguna manera lo respetas o lo exorcizas, es probable que te sobreidentifiques con él. Te posee y te destruye. Te sobrepasas. El arquetipo debe ser reconocido por lo que es, una imagen fuera de sí que nos llama al crecimiento, al cambio y a estar conscientes. Pero en su forma negativa, también nos puede llamar al mal, a la arrogancia y la destrucción. Recuerda, los demonios primero fueron descritos simplemente como ángeles caídos, e incluso Lucifer es conocido como el "portador de luz" –suficiente luz como para engañarte.

Los arquetipos masculinos centrales parecen estar siempre interesados en *el poder*: cómo nos beneficia, cómo contenerlo, cómo compartirlo, cómo se distribuye, cómo otros lo utilizan, qué es el poder espiritual y qué es el poder egoísta. Lo que caracteriza al *puer*, o niño no iniciado, es que es por lo general es ingenuo con respecto al poder. O bien lo odia, o lo adora. Si no ha tenido los hombres apropiados como modelos, odia el poder y utiliza cada oportunidad que puede para mostrar su desdén por el poder y la autoridad. La ironía es que desea y busca el poder, pero sólo en formas distintas y encubiertas. El hombre *tiene que* aprender el buen nombre del poder.

Deberá honrarlo, o casi siempre terminará destruyéndolo. Considera la mayoría de las tragedias griegas y shakesperianas.

Porque no hemos hecho nuestro trabajo interior ni escuchado nuestras historias ni iniciado a los jóvenes, el poder está en gran medida fuera de control y la sociedad occidental universalmente desconfía de él. Nuestras hermanas se han convencido de que el patriarcado ("el gobierno de los padres") es idéntico a la masculinidad, y la masculinidad es siempre un asunto de dominación, guerra, codicia y control. Tenemos que mostrarles a ellas y a nosotros mismos que la masculinidad es, en efecto un asunto de poder, pero el poder para hacer el bien, poder para los demás, poder para la vida y la creatividad. El poder no puede ser intrínsecamente malo. Una palabra para el Espíritu Santo en el Nuevo Testamento es *dunamis*, que significa 'poder'. Todas las leyendas y los mitos de la historia no pueden estar equivocados. Los guerreros no van a dejar de fascinar a los jóvenes porque a las madres feministas no les guste o porque los pacifistas lo denuncian. Como en la mayoría de las grandes religiones del mundo, solo tenemos que descubrir el significado del guerrero espiritual.

Tomando en cuenta todo lo dicho, echemos un vistazo a nuestras cuatro numinosas imágenes masculinas. Digo numinosas intencionalmente porque, cuando nos encontramos con ellas correctamente, nos abren la puerta a lo que es Santo, a lo trascendente o al menos a nuestro ser más profundo.

El Rey

Esta imagen incluye las imágenes del Padre y lleva todas las connotaciones de la autoridad, el orden, la ley, el camino a seguir y nuestros cimientos. El rey tranquilo sentado en su trono es el arquetipo de alguien centrado y seguro de sí mismo. Es, por tanto, el símbolo de la fertilidad y la creatividad para todos los de su reino. Tener el favor del rey es estar OK en el centro. El rey es un hombre lo suficientemente seguro como para reconocer, afirmar y bendecir la bondad cuando la ve en otros. No se siente amenazado por el crecimiento ni la madurez de los demás, porque conoce y ama lo que él es. No puedes amenazar al rey, porque no te necesita ni necesita tu admiración. Él es el principio de la autonomía sana y de los límites bien definidos. Cuanto más grande sea el rey, más grande es el ámbito que puede mantener unido. Algunos son reyes de su limitado grupo racial, algunos mantienen unida una "coalición del arco iris", otros presiden sobre todo el dominio y lo mantienen unido. Con razón los cristianos hablan de Jesús como "Rey de reyes" porque su lluvia universal "cae sobre los bueno y los malos, los justos y los injustos".

El Rey Sombra

Cada imagen tiene un obvio lado oscuro. Jesús, por ejemplo, a menudo construye parábolas acerca de reyes y propietarios malvados. Esta es la imagen de la impotencia y la paranoia. Se ve amenazado por el poder y la creatividad de los demás, con un sentido infantil de su propia importancia. Es interesante que Saúl, Herodes y Pilato por lo general se representan en películas claramente sobre la base del material arquetípico, incluso más que el texto bíblico.

El rey sombra debilita y maldice a los que están fuera del ámbito de los que le rinden pleitesía. Si no me necesitas, yo no te necesito. Tiene que mantener a los subordinados en una posición de inferioridad y bajo su control, ya sean hombres o mujeres. Mantienen unido a cierto tipo de reino, pero es tóxico, disfuncional y rodeado de aduladores. Hitler podía mantener a otros alemanes dominados por el miedo y el odio en su reino; ciertos papas puede mantener unidos a los anticomunistas de partido, los últimos presidentes estadounidenses han sido capaces de asegurar el reino de los hombres blancos y ricos. Sin duda, poseen verdadera energía de reyes, pero es pequeña y egoísta. Ellos son los Marcos, Batista, Sadam Hussein y bin Laden de la historia reciente. Están centrados y seguros, pero en la enfermedad. Esto se repite en el marido que golpea a la esposa y los banqueros que han participado en los escándalos de la malversación de ahorros y préstamos. Todos son reyes-sombras, cuya única lealtad es hacia sus propios Estados y su seguridad. Sin embargo, tienen un gran atractivo para la gente insegura porque parece que representan algo, aunque solo sea a ellos mismos.

El Guerrero

Como mencioné anteriormente, es muy importante que entendamos la realidad y el poder de este arquetipo, porque no va a desaparecer. Todas las culturas sueñan con el guerrero como la imagen de la valentía, la persistencia, la resistencia y la devoción a una causa. Y esta imagen es, evidentemente, muy necesaria y buena. Mantiene los límites apropiados, incluso a un costo para sí.

Esencial para el guerrero es el enfoque, la claridad, la lealtad absoluta. Esta imagen va en contra de todo lo que creemos acerca de la paradoja, la ambigüedad, la cortesía, la paciencia y las concesiones. No tiene tiempo para hacer distinciones. Sin un buen rey, un guerrero es francamente ingenuo, peligroso y probablemente responsable de gran parte de la violencia sin sentido y casi para el entretenimiento en la Tierra. El buen guerrero duplica sus esfuerzos cuando está agotado, su meta va siempre más allá del yo privado, y posee un sentido de la fuerza necesaria y apropiada para lograr sus propósitos –ni más ni menos. No necesita enemigos, pero tampoco es ingenuo sobre los enemigos. Es fiel a lo que merece lealtad y se centra en la tarea sin preocuparse *por* su propia comodidad o seguridad. Según cualquier definición cultural, eso es la virtud.

Debido a que los liberales han echado por tierra el lado oscuro habitual del guerrero, a menudo han perdido su don absolutamente esencial. Ahora los hombres van a clases de karate, guerras y ejércitos o a iglesias fundamentalistas con esta energía porque no hemos aprendido su significado positivo. Excepto por el ideal medieval del caballero de la fe, Occidente, en gran medida, no ha educado este arquetipo. El Oriente lo entiende mejor con las artes marciales del karate, el judo, el aikido, y las tradiciones del samurai y el noble guerrero de Shambala [nota de trad.: reino mítico escondido entre las montañas nevadas del Himalaya]. Esto probablemente explica por qué hemos sido incapaces de aceptar la clara enseñanza de Jesús acerca de la no violencia. No está en nuestro entendimiento, a pesar de que hemos tenido tantos santos como Francisco e Ignacio, que fueron en primer lugar guerreros y simplemente transformaron y sublimaron su energía guerrera.

El Caballero Negro / El Guerrero Sombra

Dicho simplemente, el guerrero sombra no es sumiso a un rey o es sumiso a un rey malo. Define lo que es moral e inmoral en sí mismo con sus criterios egocéntricos. Normalmente ve cualquier tipo de debilidad o feminidad como malas porque le impide sus enfoques fanáticos. Estoy personalmente convencido de la maldad esencial del militarismo (de derecha o de izquierda), porque los guerreros normalmente tienen que entrenar y hacer violento al joven con el pensamiento simplista, la propaganda y una represión masiva del sentimiento humano normal. Por suerte, tenemos deportes y juegos, aunque disminuidos pero seguros, para que los guerreros actúen. Por desgracia, en los deportes no hay un verdadero bien moral o virtud que se pueda defender. En su mayoría, son los guerreros sombra quienes han escrito la historia: Genghis Khan, Atila, Napoleón, Stalin, Hitler, Sadam Hussein *y los que responden a ellos de la misma manera* (¡y que la mayoría de la gente no reconoce simplemente como guerreros sombra más sutiles!).

El Mago

Esta imagen convincente es el arquetipo de la percepción, la conciencia, el crecimiento y la transformación. Nos lleva a ver la profundidad, el significado y sobre todo el lado oscuro de nosotros mismos y de todas las cosas. Nos muestra que las cosas no son lo que parecen, si se miran con "el tercer ojo" que él nos ayuda a desarrollar. Como tal, el mago o el bufón cortesano siempre son una amenaza para el orden establecido, y en su tiempo, su trabajo era mantener al rey honesto y alegre. En su versión más baja el mago es un payaso, un embaucador o el coyote nativo americano. En su versión más elevada es el profeta o el que habla la verdad. Pero el manto del sabio cubre un amplio elenco de personajes: el padre confesor, el anciano ritualista, el chamán, el maestro de la sabiduría, el estadista, el guía espiritual, el mago, el curandero, el mentor, el director espiritual, el liturgista y, en la mayoría de las culturas, el sacerdote.

Es decepcionante para mí que en el catolicismo el sacerdote se ha convertido más en rey que en mago. En el protestantismo fundamentalista, a menudo es un mago sombra. Es responsable de muchas de nuestras pérdidas y de nuestra falta de profundidad y amplitud. Incluso les hemos cambiado el nombre de los tres magos del Evangelio según san Mateo 2 a "los Tres Reyes", aunque no hay evidencia bíblica para tal nombre. La Iglesia occidental siempre se ha sentido más cómoda con los reyes que con los hombres sabios. Los sabios siempre están diciendo a los reyes, como Natán a David: "¡Tú eres el culpable!" (*2 Samuel* 12,7). Creo que la religión volverá a tener verdadera autoridad cuando descubra su función primaria como mago, rey y amante en lugar de lo que es ahora, que es sobre todo guerrero, y guerrero inmaduro además.

El Aprendiz de Brujo

Cuando un clérigo, terapeuta, gurú o curandero comienza a creer en su propia publicidad, tiene problemas. Cuando acepta como suya la impresionante proyección que la gente a su alrededor le envía, su descenso comienza. Si un dirigente espiritual o académico no tiene un fuerte sentido de sí mismo como un humilde instrumento, si no se somete a la dirección sabia o a los estudios sinceros, es quizás el más peligroso de todos los arquetipos. Se convierte en un charlatán, un Elmer Gantry, un televangelista, un pseudo erudito, un encantador de serpientes, un entretenedor del público, un presidente que cita las Escrituras con el fin de ser reelegido.

¿Cómo se puede manejar el manto del poder espiritual o intelectual? Francamente, la mayoría de las personas no lo hacen muy bien. Es demasiado ensalzador del ego y te asocia con los dioses. El "tráfico en las cosas sagradas" una vez era un pecado grave llamado simonía, y siempre es la gran tentación de la persona religiosa de profesión. Tengo una gran simpatía por las grandes figuras religiosas que han caído en los últimos años. Si no tienes una tradición fuerte de dirección espiritual, entonces lo ilusorio y la grandiosidad pueril son casi inevitables en esta área. Cuando usamos ropa especial, estamos pidiendo esta proyección. Podemos usarla bien para sanar, para perdonar, para proclamar, para celebrar los sagrados misterios. Pero también se puede utilizar fácilmente para evitar nuestra sustancia interior. Los intelectuales suelen hacer lo mismo bajo el manto de la educación y la superioridad mental y varias imágenes de la titularidad académica. Las facultades universitarias se pueden llenar con egos enormes, mezquindad y preferencia por la información en vez de la transformación.

El Amante

Cuando somos capturados por el arquetipo del amante, sabemos cómo deleitar, apreciar, disfrutar de lo que es bueno, verdadero y bello. Vemos el color, la forma, textura y gratuidad suprema de las cosas. En su estado más alto, por lo tanto, es el contemplador, el que puede valorar las cosas en sí y para sí y ver la belleza oculta de "las cosas profundas". También es el poeta, el artista, el músico, el romántico, los que saben beber el néctar divino en todas las ocasiones y las relaciones.

Sin el amante, la vida es francamente aburrida y finalmente amarga. El amante no se disculpa por el placer ni la alegría. Él es el dios de la fertilidad en cada hombre, siempre dispuesto a bailar y exhibirse. En la mitología es Dionisio, en la literatura tal vez Zorba el griego, y en el cristianismo es el fogoso Espíritu Santo que sopla donde quiere.

Por desgracia, el arquetipo del amante ha sido siempre un poco salvaje y aterrador para la racional iglesia occidental. Cayó en el inconsciente, pero periódicamente se manifiesta en movimientos como el Renacimiento, el culto a la Virgen (la fecundidad fue más contenida de forma segura y valorada en lo femenino), las liturgias elaboradas, en santos como Francisco de Asís, Felipe Neri y Juan XXIII, además de en las oscilaciones predecibles del péndulo como la generación hippie y la revolución sexual. El amante no permitirá que se le niegue la entrada. Si el rey mantiene unido el reino, si el guerrero protege los límites necesarios de lo real, si el mago nos muestra cómo vivir la paradoja, la profundidad y el lado oscuro de las cosas, entonces el amante lo une todo con el pegamento dulce del aprecio y el éxtasis ocasional.

El Adicto

Cuando el amante ya no puede disfrutar, creará el goce instantáneo y artificial. Cuando al amante no se le permite la entrada, pasa a la clandestinidad y encuentra placeres secretos, con frecuencia destructivos. Cuando el amante es rechazado, se retira en la negatividad, el cinismo y la autodestrucción. Sin la dulzura del amante, la vida, francamente, no vale la pena vivirse. El sustituto habitual es recurrir a patrones adictivos. Patrones de orden, patrones de los deberes fríos, los patrones de aparente control, patrones de pensamiento (obsesivo), patrones de sensibilidad (histérica), patrones de acumulación y de protección (paranoico) y patrones de gratificación instantánea como la bebida, las drogas, las compras, la promiscuidad y el comer en exceso. Se mueve hacia el narcisismo, el cuidado de sí mismo porque no se siente cuidado por la vida.

Es evidente que nuestra cultura en gran parte pertenece a esta categoría. Somos pretendientes a amantes y amantes heridos. Nos hicieron de alguna manera promesas que no se cumplieron, y carecemos de la disciplina cultural y los soportes que nos impidan una precipitada caída. Los programas contra las adicciones continuarán creciendo en número y en necesidad. Han nombrado la forma del pecado mejor que las iglesias contemporáneas, que aún no ven la conexión entre la represión del arquetipo del amante positivo y la aparición generalizada del adicto.[2] Si tuviéramos una actitud más positiva e integrada hacia el placer, la sexualidad y la corporalidad, probablemente no tendríamos la exagerada reacción destructiva que vemos hoy. El dios rechazado normalmente regresa como un demonio.

Estas diferentes caras de lo masculino nos atraen en las diferentes etapas de nuestra vida. No hay un patrón correcto ni arquetipo superior, en mi opinión. Lo importante es que honremos a todos y cada uno de ellos cuando se manifiestan en nuestras amistades y fascinaciones. Normalmente habrá uno con el que ya estamos muy identificados, y por lo general uno u otro en el que desconfiamos o incluso negamos. A menudo ése mantiene el secreto de nuestra integridad. David, por ejemplo, era claramente rey, guerrero y amante, pero hasta que recibe el desafío del profeta/mago Natán, sigue siendo incompleto e incluso peligroso para él mismo y para otros. Solo con la crítica de Natán, David se convierte en el arquetipo de hombre judío pleno.

Lo importante es que nos quedemos en el camino y dejemos que las cuatro partes de nuestra alma se regulen y equilibren mutuamente. Si te sobreidentificas con una por mucho tiempo, normalmente te moverás hacia el lado oscuro. En otras palabras, si eres sólo un rey, desequilibrado por el guerrero, el amante y el mago, pronto serás un mal rey. Si solo eres un amante, sin ningún sentido de los límites de rey o de guerrero, pronto serás un adicto. Si eres un guerrero, sin los matices del mago, o un buen líder, es probable que termines como un terrorista o un fanático.

Si temes que se trata de un nuevo juego de "Dragones y Calabozos", como un supercristiano lo acusó de ser, te animo a estudiar el rito bautismal antiguo y tradicional de la Iglesia. Inmediatamente después de la inmersión, el sacerdote te unge con aceite perfumado (el amante) y te invita a seguir a Cristo como "sacerdote (mago), profeta (guerrero) y rey". Siempre supimos esto, pero no sabíamos que lo sabíamos.

Notas

1. Robert Moore y D. Gillette, *King Warrior Magician Lover* (San Francisco: HarperSanFrancisco, 1990).
2. Rohr, "How Do We Breathe Under Water?" Conferencia grabada, 2005 (Center for Action and Contemplation, Box 12464, Albuquerque, NM 87195).

VEINTICUATRO

El lenguaje antiguo
de la espiritualidad

Enséñanos a que nos importe y a que no nos importe,
enséñanos a estar sentados quietos
incluso entre estas rocas,
nuestra paz en Su voluntad,
e incluso entre estas rocas.
—T.S. Eliot, "Miércoles de Ceniza"

El lenguaje de la primera mitad del camino de la vida del hombre es la lengua del ascenso, el idealismo serio y necesario que caracteriza a todos los hombres jóvenes y sanos. Es un lenguaje heroico de ganar, tener éxito, triunfar sobre el ego y los obstáculos. Sin esa visión y esfuerzo, los hombres permanecen encogidos de temor en un mundo pequeño e impotente. El hombre tiene que escalar al principio o no puede probar su temple, encontrar su mejor yo, decir que no a su falso yo ni triunfar sobre el egocentrismo.

Sin embargo, esta misma tarea de ascenso se vuelve peligrosa en la segunda mitad de la vida de un hombre.[1] Se convierte en egocentrismo enmascarado, escalando a toda costa, haciendo mal uso del poder, utilizando la ideología y los principios para evitar las relaciones, lo que San Pablo en su *Carta a los Gálatas*, llama la ley en lugar

189

del Espíritu. Así vemos que todos los grandes maestros espirituales, al igual que Jesús, parecen tener dos tipos de enseñanzas: una para las primeras multitudes y otra para los discípulos maduros (por ejemplo, *Mateo* 13,10-12, *1 Corintios* 3,1-3; *Hebreos* 5,12-14).

Se ha hecho mucho daño espiritual al no hacer esta distinción. La religión institucional y la mayoría de los movimientos religiosos prefieren mantener a sus miembros en la primera etapa. Pueden ser administrados mejor, mantiene el grupo unido, se siente como la "verdadera" moral, pero sacrifican la profundidad, la iniciativa y la creatividad. No es más que el camino necesario del control de uno mismo, pero no sabe nada de ceder el control, que es la verdadera cuestión espiritual. Es el eterno problema de los militares y de la religión. El rey falso quiere orden y predictibilidad, no la creatividad ni la madurez. Organizativamente hablando él tiene razón, por supuesto. Espiritualmente, sin embargo, está totalmente equivocado.

No es de extrañar que casi todas las culturas primordiales ven la necesidad de los ritos de iniciación para varones, de tener mentores y sabios que preparen a la gente con antelación para la transición a la segunda mitad de la vida. Alguien tiene que supervisar el camino de la primera etapa y también enseñarles que *es solo la primera etapa*. No es de extrañar que de hecho se propongan 'herir' al niño temprano. Tenía que estar preparado para la desintegración de su juego. Tenía que ser enseñado a descender de su torre. Tenía que hacerle frente a la inevitabilidad del fracaso. Tenía que aprender a convertir su herida en una herida sagrada. Sin este tipo de "vía crucis" continuaremos teniendo más "religión-como-avance-del-ego" en lugar de cualquier transformación real de las personas en Dios. No tengo dudas de que esto es la base de la desilusión con la religión institucional de

Occidente. La gente ya no confía en los nuevos sistemas de creencias que solo rodean a egos viejos.

Los grandes maestros espirituales tienen una sabiduría diferente para la segunda mitad del camino. Ya no es más una 'moralidad del ego' de dualismos que aclaran el mundo. Ya no es cuestión de meros límites e identidad. No se trata ya de cuestiones de "¿Quién soy yo? o, ¿quién está dentro y quién está fuera?". Ya no es cuestión de crear el ego correcto, "un grano de trigo", pero los verdaderos maestros espirituales se interesan, como Jesús, en enseñar al grano de trigo a "morir" porque saben que seguirá siendo "sólo un grano de trigo" y no tendrá "una rica cosecha" (*Juan* 12,24). Esa es siempre la difícil tarea de la religión madura, y nadie lucha contra ella, al igual que los discípulos mismos (ver *Marcos* 8,31—10,45), como *los hombres*, y los hombres religiosos, en particular, que han construido una imagen superior y cómoda de sí mismos.

Esperemos que en la segunda mitad de la vida, los hombres hayan conocido al Dios que "hace salir el sol sobre buenos y malos, y manda la lluvia sobre justos e injustos" (*Mateo* 5,45b). Esperemos que su visión del mundo, egoísta y en blanco y negro, se haya derrumbado a causa del fracaso, el sufrimiento y el pecado. El lenguaje cambia de un lenguaje de ascenso, logros y alcances a uno de humilde *descenso*. Nosotros los católicos lo llamamos el vía crucis y lo vemos en todas nuestras iglesias en las Estaciones de la Cruz. Los franciscanos lo llaman pobreza, los carmelitas lo llaman la nada, los budistas lo llaman el vacío y el judaísmo lo llama el desierto. Hemos mantenido todas estas metáforas, pero en culturas de progreso, como la nuestra, hemos perdido el mensaje esencial. Era demasiado contracultural. Se sentía como ir hacia atrás y hacia abajo.

Para un hombre maduro en la segunda mitad de la vida, el heroísmo ya no es el objetivo ni la preocupación. Ahora la meta es algo que ya no podemos fabricar, controlar o siquiera poseer como nuestra: la santidad. La santidad es dada y recibida; transforma totalmente pero en silencio; a veces hasta se siente y se ve como 'pecado' para los no iniciados. La santidad rara vez se ve heroica hasta que los santos han estado enterrados por unos cuantos siglos y entonces podemos comenzar sin riesgos el proceso de canonización. La santidad tiene que ver con lo que somos en Dios, donde moramos como "personas" con un sentido completamente reconstituido de nuestra personalidad. Gabriel Marcel lo llama "la subordinación del ser a una realidad más profunda que es más profundamente yo de lo que yo soy por mí mismo". La santidad tiene que ver con *ser* en Dios, mientras que el camino heroico inicial tiene que ver más con *hacer* y lograr el 'yo'.

San Pablo describe su conversión al menos en dos etapas. La primera es el dramático encuentro en el camino de Damasco. La segunda la describe de manera más sutil y humilde en el tercer capítulo de su *Carta a los Filipenses*. Como era de esperar, han pasado veinte años, y él está impotente, encadenado en la cárcel. Escucha estas sorprendentes palabras "... irreprochable en lo que se refiere al cumplimiento de la ley. Pero lo que entonces consideraba una ganancia, ahora lo considero pérdida por amor a Cristo... Y todo lo tengo por estiércol con tal de ganar a Cristo y vivir unido a él..." (3,6b–7.8b–9a). La Ley, que lo puso en una situación ventajosa en su inicio ('ganancia') ahora es una desventaja. El hecho de que San Pablo usa la palabra estiércol demuestra la profundidad de sus sentimientos en este punto. Esto es del todo sorprendente, teniendo en cuenta el amor heroico y juvenil de Pablo por la ley, un amor que lo llevó a asesinar cristianos. Pablo era un creyente sincero, que suele ser un buen lugar para empezar, a pesar de los excesos comunes.

Vemos el mismo patrón en Juan Bautista. Él no comió ni bebió (ver *Mateo* 11,18); vivió de forma ascética en el desierto, vestido con ropa ordinaria; tenía palabras ásperas para casi todo el mundo. Dios usa esa energía y absolutismo para iniciar a los jóvenes en el camino espiritual: "Les aseguro que no ha surgido entre los hombres nadie mayor que Juan Bautista; sin embargo, el más pequeño en el reino de Dios es mayor que él" (*Mateo* 11,11).

En el camino que Jesús sigue hay mucha más paciencia y compasión que en las voces estridentes iniciales de Juan o Pablo. Sin embargo, Dios fue capaz de usar a ambos, precisamente porque se habían entregado en la primera mitad de sus vidas con tanta pasión, sacrificio y convicción. Lo importante es la secuencia y la transición, que creo que es decididamente la obra del Espíritu. No lo puedes maniobrar por la lógica, la persuasión o citando la Biblia. No es de extrañar que la tradición católica pusiera tanto énfasis en la importancia de los confesores y directores espirituales. Respuestas de libros no son suficientes en el momento crucial de transición. Las normas que nos ayudan en la primera fase podrían ser tóxicas en las etapas posteriores; necesitamos humildad –tal vez incluso autoridad– para desprendernos de lo que antes parecía que nos salvaría. En *Deptford Trilogy* de Robertson Davies, el sacerdote anciano dice lo que sólo la vejez nos permite decir. Observa que la enseñanza de la Iglesia, en lugar de reflejar la certeza y la fuerza de la juventud, debe tener en cuenta las experiencias de toda una vida y la incertidumbre que viene con la edad. Entonces tal vez podamos dar sentido a la vida y quizás hacerla soportable.

DE HOMBRE SALVAJE A HOMBRE SABIO

El joven poseído por una "furia bendita por el orden" [nota de trad.: línea de un famoso poema de Wallace Stevens: "The Idea of Order at Key West"] resuelve su problema de ego, pero deja demasiadas víctimas a su paso: al débil, al rechazado, a la mujer, al homosexual, al no cristiano, al forastero, al pecador a quien tal vez se digna a amar "aunque siga odiando el pecado". Puede mantener su imagen de ser salvado y superior, aunque en realidad está muy falto de amor, sin compasión y autosuficiente. Son los tiernos abuelos viejos quienes enseñan a los jóvenes agresivos que buscan el cambio, el camino de la compasión y la paciencia. No es de extrañar que la mayoría de las culturas buscan el liderazgo en las personas mayores y los "senadores" (los ancianos). Sin embargo, el autor Robert Moore dice con razón que rara vez tienes acceso a la 'energía de rey' antes de los 50 años de edad.

El idioma de descenso se aprende para la mitad de la vida (normalmente por el sufrimiento y la experiencia de impotencia) o, inevitablemente, entramos en la senda de un largo día de acusaciones, resentimiento y negatividad, defendiendo nuestra posición cuando las heridas y las decepciones de la vida nos circundan: "Yo tengo razón y los demás están equivocados. Tengo derecho a mis juicios y voy a seguir utilizando valiosa energía para justificarlos". He visitado bastantes ancianos y sacerdotes jubilados en asilos de ancianos para dudar de este patrón común. Cuando llegaron a la mitad de la vida y no se les permitió ascender o negar su lado oscuro, demasiados hombres se cerraron en sí mismos o siguieron huyendo. El precio es un mundo de hombres que no saben envejecer, que no están emocional, espiritual e intelectualmente disponibles —o son solo excéntricos. Estos son los padres, sacerdotes y líderes de los que todos nos reímos, pero a quienes rara vez tomamos en serio.

Quiero presentar un diagrama (en las páginas 198 y 199) que uso en los retiros para hombres en los diferentes países para aquellos que aprenden mejor a través de la visualización. Espero que te dé un sentido gráfico de las fases del ascenso y el descenso. Sin embargo, es preciso que sepas que la vida nunca es una línea recta, sino más bien una espiral. Quizá atravesamos estos ciclos de muerte y resurrección muchas veces, pero esperemos que sea en un nuevo plano después de cada curva de aprendizaje.

Espero que este esquema nos ayude a ver que lo que es bueno y necesario para el joven a menudo mata al hombre de más edad. Visiones del mundo en blanco y negro, terquedad heroica, inician al joven y lo dirigen acertadamente para que un día sea lo suficientemente seguro y fuerte como para entender el verdadero significado de la cruz.

Si tratamos de dar al joven la doctrina completa de "la cruz", no la entenderá, la verá simplemente como un símbolo cristiano o creará "cruces" artificiales (parálisis, análisis, neurosis) para avanzar su yo espiritual. No es de extrañar que el mismo Jesús no habló de la cruz ni cargó con la suya hasta por lo menos la edad de treinta años. Los hombres jóvenes (y los hombres a menudo gravemente humillados) convierten todas las enseñanzas espirituales, la Iglesia, los sacramentos e incluso el Evangelio, en otras maneras de ascender y se sienten superiores. Tal vez es por eso que Jesús enseñó a hombres maduros, no a niños ni a jóvenes. El "joven rico" (*Marcos* 10,17-22) siempre convertirá el mensaje de cómo ser discípulo en otra forma de avance personal. Nos olvidamos de que aun la preocupación de "ir al cielo" es inicialmente poco más que interés propio disfrazado. "¿Qué debo hacer para ganarme la vida eterna?", el joven rico le pregunta. Jesús no solo no responde realmente a su pregunta (porque es la pregunta equivocada), sino que le dice que "descienda" de su posición de poder, "ve y deshazte de todas tus posesiones". El dinero aquí es solo una metáfora; la verdadera posesión a la que tiene que renunciar es a su ego. Pero él es el único de los que fueron invitados personalmente a ser discípulos que se aleja de Jesús. Él es demasiado joven y demasiado cómodo.

Permítanme terminar con una cita de Carl Jung, de sus *Obras completas* (8, 784): "No podemos vivir la tarde de la vida según el programa de la mañana de la vida; porque lo que era muy bueno en la mañana será de poca importancia en la noche, y lo que era verdadero en la mañana, en la noche se ha convertido en una mentira".

NOTA

1. D'Arcy and Rohr, *Spirituality for the Two Halves of Life*.

EL CAMINO ESPIRITUAL MASCULINO
ETAPA DE ASCENSO
Necesita hacer y cumplir promesas para crecer

INICIACIÓN MASCULINA
(primera adolescencia)

AUTO-IDENTIDAD

CAMINO "HEROICO" (Edad 1 a 32)

Tiempo necesario de idealismo. El hombre joven y saludable necesita conocer su poder y posibilidades. Egocentrismo necesario: no ama a Dios, sino que ama la idea de que ama a Dios. Deberes, responsabilidades, trabajar arduamente, posponer gratificación, visiones del mundo son en blanco y negro. A pesar de que es sincero y generoso, su inmadurez y la posibilidad de creerse que es moralmente superior es un peligro. "Sacrificio en vez de "misericordia".

Sentido apropiado de sus propios límites, sentido de sí mismo suficiente para dejar de lado el yo: "a menos que el grano de trigo muera, sigue siendo un grano de trigo" (ver *Juan* 12,24).

EL JOVEN FURIOSO

Nunca llega a sentir su propio poder, bondad o potencial. (En algunos casos comienza el avance en el camino espiritual— la iniciación temprana— si el joven puede ver a Dios en ese proceso y llegar a un profundo conocimiento de sí mismo.)
Usualmente es mal comportamiento

JOVEN NECIO

198

ETAPA DE DESCENSO
Necesita confiar en las promesas de Dios y modelar integridad / santidad a otros

VIEJO NECIO → No entiende; sigue tratando de ascender a pesar de la invitación y evidencia: el hombre es superficial.

CRISIS DE LÍMITES
(Edad 35 a 50)

La crisis de identidad a mediados de la vida: años durante los cuales se pierde el significado interior del ser, a veces acompañado por fracaso, autodestrucción y alardes para recuperar poder y control. Se confronta con sus límites, la paradoja, el misterio: la cruz. Las virtudes heroicas ya no son efectivas, ni siempre ayudan. Necesita humildad, honestidad. Comienza el cambio de controlarse a sí mismo y comienza a aceptar que Dios es quien controla.

CAMINO DE SABIDURÍA

Necesita dirección espiritual porque las normas no funcionan como antes. Desprendimiento, confianza, paciencia, entrega, santo abandono, compasión, la noche obscura de la fe, el Camino Abrahámico desde lo que tiene hacia lo que no tiene. Finalmente lo suficientemente seguro para ser inseguro. Es un tiempo de discernimiento doloroso y cirugía seria. Dolorosamente redefiniendo victoria y éxito; pensar como Cristo, el Misterio Pascual. Ya no puede fingir el rezar, pero tiene que rezar para sobrevivir. Lo que entristece no es solamente tolerado, sino aceptado, perdonado y visto como un regalo. La piedra rechazada es ahora la piedra angular (ver *1 Pedro* 2,7) "Misericordia" en vez de "sacrificio".

CAMINO AMARGADO →

Confrontación, pero sin iluminación. Las heridas no se hicieron heridas "sagradas": buscando todavía a quién culpar. El hombre cínico y negativo.

NECIO SANTO →

Hijo amado de Dios, el tierno "abuelo" que puede mantener unidas las paradojas, porque Dios lo ha hecho en él. Dios finalmente es el que controla. Vuelve a la sencillez, al jardín, más allá de los juicios, la "razón" y del control a la sabiduría. El ser humano es más importante que la imagen de sí mismo, función, poder, prestigio o bienes. ¡Él lo tiene todo!

VEINTICINCO

El gran padre

Es posible que tengas 38 años de edad, como yo. Y un día, una gran oportunidad se te presenta y te llama a luchar por un gran principio, un gran problema, una gran causa. Y te niegas a hacerlo porque tienes miedo... te niegas a hacerlo porque quieres vivir muchos años más... Tienes miedo de perder tu trabajo, o tienes miedo de que te van a criticar o que perderás tu popularidad, o tienes miedo de que alguien te va a apuñalar o a disparar o bombardear tu casa; y por eso te niegas a disponerte a defender tu causa. Bueno, puedes llegar a cumplir los 90, pero estás tan muerto a los 38 como lo estarás a los 90. Y el cese de la respiración en tu vida no es más que el anuncio tardío de la muerte prematura de tu espíritu.

—Martin Luther King, Jr.[1]

La etapa final de la senda de la sabiduría se simboliza en la imagen dominante del rey, el santo bufón, el viejo mago, el santo o lo que me gusta llamar el gran padre. Empecé con esta cita convincente de Martin Luther King, porque quiero señalar que a veces los hombres jóvenes pueden ser portadores de grandeza y magnanimidad de espíritu. No estoy hablando de los abuelos de edad avanzada sino de 'grandes' padres, *los hombres que sostienen, promueven, purifican y transforman la vida de maneras grandiosas.* Martin Luther King merece el título porque ya era un 'rey' arquetípico ¡a la edad de treinta y ocho años! Cuando incluso puedes amar a tus enemigos, sin duda eres un rey, y Martin Luther King convirtió en arte el amar a sus enemigos. Yo fui bendecido con un gran padre en la persona de mi propio papá –y tal vez por eso, me identificaba más con el arquetipo del viejo más que del niño, aun cuando yo era joven. Mi padre era (murió en 1999 a los 89) un hombre sencillo, no con muchos estudios, pero muy sabio. Poseía la sabiduría de saber lo que sabía y de saber lo que no sabía. Poseía la sabiduría de confiar en que lo que no entendía todavía podía ser bueno, aunque no lo entendiera. Tenía respeto natural por la bondad de los demás. Y podía animar a otros a confiar en ellos mismos y a seguir su propio camino, aunque el camino de ellos no fuera su camino. Debido a su capacidad de confiar en mí y alentarme, incluso cuando no entendía adónde Dios me llamaba, pude entrar al sacerdocio y aventurarme en una vocación personal que era muy diferente a la de él. No necesitaba que yo fuera su reflejo. Fue capaz de ser mi reflejo. Esa es la sana libertad y la capacidad generadora de un hombre maduro.

Incluso cuando yo era un adolescente, mi padre tenía gran confianza en mí y me afirmaba mucho. Cuando quería salir, nunca me exigió que le explicara a dónde iba. Simplemente confiaba en mí, y por medio de su confianza aprendí a ser responsable. Cuando muy joven me fui al seminario, me apoyó en cada paso de mis catorce años al irme de la casa. Después de que me convirtiera en un conferencista, él y mi madre a veces iban a escuchar alguna de mis charlas, y seguí sintiendo que de él emanaba la misma confianza e incluso admiración. No siempre comprendía, estoy seguro, todo lo que yo decía. No era el área de su interés. Era agricultor, mecánico y pintor del ferrocarril Atchison, Topeka y Santa Fe. Todavía puedo verlo sentado en la primera fila confiado en que todo lo que yo decía tenía que ser bueno, sólo porque yo lo decía. En esto era probablemente como la mayoría de los padres. Su respeto hacia mí me ha permitido ser el hombre que soy y decir lo que tengo que decir hasta el día de hoy.

Cuando somos capaces de confiar en los demás de esa manera –cuando podemos confiar en Dios y confiar en la vida, incluso cuando no comprendemos totalmente– nosotros también podemos ser grandes padres. Cuando podemos dejar a un lado nuestra necesidad de que todo sea como queremos, y nuestra propia necesidad de tener éxito, entonces podemos fomentar el camino independiente de los demás y su éxito. Cuando somos capaces de dejar ir nuestro miedo al fracaso y al dolor, somos libres para confiar en la vida tal como viene. Podemos afirmar que, si Dios lo ha permitido, debe haber algo bueno en ello. Eso suena como pasividad o fatalismo, pero no es, en absoluto, lo que quiero decir. Hay un desprendimiento que es pasividad, pero hay un desprendimiento que es ausencia de ego, es confianza y entrega. El primero es peligroso, y el segundo es la santidad. El gran padre es capaz de abandonar el centro del escenario y permanecer al margen, y así ser solidario con aquellos que necesitan su apoyo.

La imagen más clara de esto que tenemos en la Biblia, sin embargo, es probablemente la de una mujer. Es María de pie ante la cruz (*Juan* 19,25). Nota que dice "de pie", es decir, con dignidad, aguantando firmemente el dolor hasta que se transforma. No está histérica, ni postrada, ni acusa, ni culpa, ni siquiera trata de bajarlo, ni de proteger su reputación ni la de ella. Ella es, de manera muy clara, el lado femenino de lo que estamos describiendo, el arquetipo de la gran 'madre'.

La energía del gran padre o de la gran madre es una energía callada y segura. Fue puesta a prueba y no le faltó nada. Ya no necesita más pruebas, por lo que puede aprobar y bendecir los esfuerzos de otros que aún no están seguros de sí mismos. Los niños se pueden sentir seguros en la presencia de sus abuelos, ya que, mientras la mamá y el papá están en el corre corre para encontrar su camino por la vida, el abuelo y la abuela, es de esperar, han adquirido más espacio. Pueden contener los problemas, las contradicciones, las incoherencias y los inconvenientes, después de toda una vida de practicar y aprender.

Los grandes padres pueden confiar en la vida precisamente porque han llegado a un acuerdo con la muerte. Ellos saben que el dolor no es el enemigo, pero que el miedo al dolor lo es. Han vivido lo suficiente para entender que a la larga, la vida es más fuerte que la muerte. La vida tiene una vitalidad que puede ser temporalmente desacelerada, pero inevitablemente la energía de la vida supera las fuerzas destructivas de la muerte. Vemos como opera este principio a gran escala en muchos países subdesarrollados donde, a pesar de años de opresión, la gente todavía puede tener esperanzas y hasta ser feliz. Lo vemos también en otros grupos que trabajan para mejorar su situación, y donde los individuos superan grandes obstáculos en la lucha contra la pobreza, la adicción y la enfermedad, y tienen vidas plenas y gratificantes.

Los grandes padres reconocen el impulso del espíritu divino en la situación humana. Debido a que pueden confiar en que en última instancia Dios tiene el control, pueden dejar de lado sus propios deseos de controlar la realidad y doblegar a otros a hacer su voluntad. Pueden dejar de tratar de forzar la vida, como a menudo lo hacían cuando eran más jóvenes, y simplemente permitir que fluya en los patrones que finalmente, tal vez de inmediato y directamente conllevan a más vida.

Esto no quiere decir que los grandes padres son ingenuos. Han visto tantas muertes que ellos ya la reconocen, incluso cuando viene disfrazada de falsas promesas y racionalizaciones astutas. Sin embargo, pueden ver más allá de la ignorancia de los jóvenes que desean dinero y éxito, poder y placer, con la sabiduría de saber que a largo plazo estas son ilusiones transitorias. Han escuchado lo suficiente de las promesas de los políticos y de los reclamos de los publicitarios para darse cuenta de que estas son en gran parte vacías, pero no son perturbados por la falsedad de lo que dicen porque, en verdad, han comenzado a habitar el otro mundo. Ya han comenzado a pasar al otro lado. Han muerto muchas veces, y saben que la próxima vez la muerte no les hará daño. "¿Qué he perdido antes muriendo?", preguntan.

Los hombres más jóvenes necesitan luchar contra las fuerzas de la muerte en su propia vida y en la de sus sociedades –y con razón, porque su vocación es asumir la responsabilidad de la dirección de la vida y trabajar con valentía por su propio bien y el bien de otros. Los grandes padres, sin embargo, entienden que cada decisión humana, inevitablemente, es una mezcla de lo bueno y lo malo, y que cada situación social es una mezcla de luz y oscuridad. El valor del gran padre, por lo tanto, no es luchar contra la muerte, sino *afirmar una vida que es más grande que la muerte*. Reconocen que, como dijo Jesús, "Bueno solamente hay uno: Dios" (*Marcos* 10,18b), por lo que están libres de la ilusión de que cualquier otro bien es completamente bueno o incluso de que las personas malas son totalmente malas. Ellos están más allá del odio, y también más allá de la idolatría.

Ahora saben que la primera mitad de la vida era tan necesaria como la segunda. Pretender pasar a la segunda mitad de la vida antes de luchar, de sentir necesidad, maldecir y fracasar es a menudo una actitud perezosa y deshonesta. Veo esto en la religión fundamentalista y la política simplista. Casi un signo infalible de que alguien está en una fase iluminada de la vida es que puede tener paciencia y ser comprensivo con las personas que aún ¡están luchando, que necesitan mucho, que maldicen y fracasan!

Los grandes padres pueden confiar en la vida porque han visto más de ella que los jóvenes, y pueden confiar en la muerte, porque están más cerca de ella que los más jóvenes. Algo les ha dicho a lo largo del camino que lo que son ahora nunca es la etapa final, y ésta tampoco lo es. Tienes que estar lo suficientemente cerca de tu propia muerte para verla venir y reconocer que la muerte y la vida están unidas en un abrazo eterno, y una no es el final de la otra. La muerte es lo que es. La muerte no es fácil, pero es una parte de la vida, y saben que la vida es buena. El cuerpo es una lección, una vez que hemos aprendido la lección, podemos desprendernos de él. Eres un gran padre cuando estés listo para desprenderte. Para el gran padre, la muerte ya no es un enemigo, sino como San Francisco la llamó, "una hermana bienvenida".

El alma del gran padre es lo suficientemente amplia para aceptar la muerte del ego y afirmar la vida de Dios en sí misma y en los demás a pesar de todas las imperfecciones. Su amplitud acepta todos los polos opuestos en la vida –lo masculino y lo femenino, la unidad y la indiferencia, la victoria y la derrota, a nosotros y a ellos y todo lo demás– porque ha aceptado lo opuesto a la muerte misma. El gran padre ya no necesita el lujo de principios absolutamente claros que le den seguridad en cada decisión. Si ha hecho la caminata del héroe, sabe que lo que él cree tiene menos que ver con conclusiones indiscutibles que con encuentros aterradores con la vida y con el Dios vivo. Se ha dado cuenta de que el crecimiento espiritual no es tanto el aprender, como desaprender, una apertura radical a la verdad sin importar las consecuencias, o hacia dónde nos lleve. Entiende que no es tanto comprender la verdad como dejar de lado su ego –obstáculos personales a la verdad.

Ha aprendido que realmente "la sinceridad es lo que nos hará libres" (*Juan* 8,32), mucho más que la mera verdad teórica. Ahora ve que los juicios sentenciosos y la rectitud no son tanto buscar la verdad como lo es la búsqueda de control. Ha aprendido que la conversión es un proceso de escuchar cada vez más profundamente al otro y al Otro. La religión se ha convertido en presencia desnuda más que en explicaciones.

Quizás más que cualquier otra cosa, uno se convierte en un gran padre cuando aprende a lidiar con las límitaciones de manera afable. *La aceptación gozosa de un mundo limitado, del que solamente soy un breve momento y parte limitada*, es probablemente la indicación más clara del hombre en su plenitud. Lo que una vez fue su lucha –la libertad perfecta– ahora la encuentra hasta en los imperfectos acontecimientos e instituciones de este mundo. Recuerden a San Pablo, a Dietrich Bonhoeffer o a Nelson Mandela en la cárcel. El gran padre casi siempre desconfía de cómo el mundo define la libertad. Al igual que Aristóteles, él comprende que la libertad solo cobra vida en una persona que ya se ha comprometido con la virtud, y ser libre de uno mismo es la única libertad verdadera.

El caos y el pluralismo de nuestro tiempo probablemente seguirán empujando a muchos hombres a refugiarse tras fronteras falsas, tales como el patriarcado, el nacionalismo, el racismo, el fundamentalismo y el sexismo, en lugar de seguir en el camino laberíntico de la fe. Otros continuarán avanzando hacia la jerigonza psicológica y a la realidad sin forma de la Nueva Era precisamente con el fin de evitar todas las fronteras y las renuncias. No me puedo imaginar un verdadero gran padre que no es un contemplativo de alguna manera. Y un contemplativo *es aquel que vive y vuelve a su centro interior, y sin embargo sabe que él no es el Centro. Él es sólo una parte, pero una parte afable y, además, agradecida.*

Tal vez tenemos que dejar de describir esto en términos de conceptos y solo nombrar unos cuantos grandes padres que todos conozcamos. Necesitamos su poder en nuestro tiempo, y solo su vida y testimonio pueden transmitírnoslos. Sé que podrías añadir muchos más, y espero que lo hagas, pero estos son algunos que se me ocurren a mí: Abraham Lincoln, Albert Schweitzer, Dag Hammarskjöld, U Thant, Juan XXIII, Dietrich Bonhoeffer, Mikhail Gorbachev, Jean Vanier, Thich Nhat Hanh, Martin Luther King, Jr., Mahatma Gandhi, Martin Buber, Anwar el Sadat, Abraham Heschel, Thomas Merton, Dom Helder Cámara, Thomas Dooley, Hubert Humphrey, John Howard Griffin, Jimmy Carter, el cardenal Joseph Bernardin, Julius Nyerere y Nelson Mandela.

Y no hay ni que mencionarlo, la sociedad estadounidense de hoy no produce hombres sabios en masa, ya que se requiere que un hombre sabio llame a un hombre salvaje para que se produzca otro hombre sabio. A veces me siento como si estuviéramos a la espera de un acto mundial de combustión espiritual espontánea. Pero ya que Dios ha sido humilde y paciente para esperar y seguir intentando, creo que nosotros también podemos.

NOTA

1. D'Arcy y Rohr, *Spirituality for the Two Halves of Life*. Otro paquete de cintas llamado "Adult Christianity: And How to Get There" fue preparado por Richard Rohr y el Padre Ron Rolheiser, OMI, y está disponible en el Center for Action and Contemplation. Probablemente depende de si deseas una lectura masculina y femenina sobre el tema o dos teólogos hablando de él.

Una estructura para un grupo de hombres

El número 30

Hemos decidido que 30 es el número simbólico de M.A.L.Es (Hombres Aprendices y Sabios).

Es la edad simbólica cuando los hombres empiezan a hacerse a sí mismos preguntas de adultos y dejan claramente "la juventud".

Es la edad en que Jesús parece haber "hecho su declaración" sobre la vida y la muerte.

El día 30 de cada mes nos reuniremos en un día de oración conscientes de los demás hombres y como día de solidaridad con otros hombres en todo el mundo.

El día 30 del mes vamos a examinar lo que hemos hecho por nuestros hermanos, padres, hijos y otros hombres en el mes anterior, y tal vez lo que podríamos hacer en el mes siguiente.

Y le sugerimos que 30-30-30 incluso podría ser una buena estructura para el inicio de un grupo de hombres:

Reuniones 30-30-30

• El tamaño ideal podría ser unos seis hombres para una reunión de 90 minutos.

- Se observa el tiempo oficialmente acordado para que los hombres sepan qué esperar y a qué se han comprometido.

- Si los hombres quieren que dure más tiempo, todo el grupo puede decidir, o excusar a los que tienen que irse sin presionarlos o necesitar explicaciones.

- Reuniones de 30-30-30 minutos sería un marco de tiempo ideal al que los hombres se pueden comprometer:

    TIEMPO PARA ANTECEDENTES: 30 minutos para compartir "dónde estoy yo ahora".

    TIEMPO MEDIO: 30 minutos para compartir sobre el tema seleccionado para la reunión.

    TIEMPO ACTIVO: 30 minutos para lo que necesito hacer / cambiar / mejorar en los próximos meses.

Yo no me regiría estrictamente a estas tres categorías en términos de tiempo, pero esto permite a los hombres saber a qué atenerse, posiblemente quitándole un poco de la resistencia natural a las reuniones.

Sugeriría que comiencen y terminen las reuniones con una breve oración, compuesta de forma espontánea por un hombre diferente cada vez.

www.malespirituality.org
menswork@cacradicalgrace.org

VISIÓN

Reclamamos la iniciación espiritual de los hombres a través de la experiencia de una caminata hacia el Yo verdadero, creando una tradición para las futuras generaciones.

LA MISIÓN *a la que nos comprometemos:*

• Dirigir a hombres en un aprendizaje espiritual que continúa toda la vida

• Capacitar a hombres a ser Sabios

• Mantener relaciones continuas con los participantes

• Proporcionar ritos de paso para hombres

• Desarrollar ritos adicionales si es necesario

LA FILOSOFÍA *en la que creemos:*

• Cada hombre es un Hijo Amado de Dios.

• Los hombres están listos para los caminos espirituales serios.

• Nuestro mensaje se basa en el Misterio Pascual cristiano y al mismo tiempo integra los símbolos y ritos de otras religiones y culturas.

• Los hombres deben tratar de mejorar su contacto consciente con Dios mediante la oración y la meditación.

• Los hombres necesitan la afirmación y la orientación de mentores sabios.

- Los hombres tienen la necesidad y la responsabilidad de ser mentores para generaciones futuras.

- En un mensaje universal que trasciende los límites de raza, nación, cultura, género, economía / clase, política, orientación sexual y diferencias religiosas.

- Los hombres deben buscar reciprocidad sincera en sus relaciones con las mujeres en pensamientos, palabras y obras.

- Los hombres tienen que reconocer y criticar su poder con respecto a las mujeres, las minorías y los pobres, y usar su poder en favor de la justicia en el mundo.

- Hay necesidad de colaborar con grupos de ideas afines y otras tradiciones religiosas.

Men As Learners and Elders [Hombres Aprendices y Sabios]
es un programa del Center for Action and Contemplation,
Albuquerque, NM
www.cacradicalgrace.org

Acerca de los Autores

El sacerdote franciscano RICHARD ROHR es el fundador y animador del Center for Action and Contemplation en Albuquerque, Nuevo México. Autor de numerosos libros, entre ellos *Las cosas ocultas: la Escritura como espiritualidad; Encuentros maravillosos. Sagrada Escritura para Cuaresma; y Preparación para la Navidad con Richard Rohr. Meditaciones diarias para Adviento,* dirige retiros y dicta conferencias en el ámbito internacional.

JOSEPH MARTOS es un profesor jubilado de filosofía, teología y estudios religiosos y ha escrito ocho libros, cuatro de ellos con Richard Rohr. Un reconocido experto en los sacramentos y la espiritualidad, ha dictado conferencias en amplios círculos, que incluyen Canadá, Australia y Europa.